मेरा पुनर्जन्म

सुहास सुरेंद्र सुमिता जाधव

First Published in July 2022

ISBN: 978-93-5628-526-2

BLUEROSE PUBLISHERS

www.BlueRoseONE.com

info@bluerosepublishers.com

+91 8882 898 898

Cover Design:

Aveek

Typographic Design:

Rohit

Distributed by: BlueRose, Amazon, Flipkart

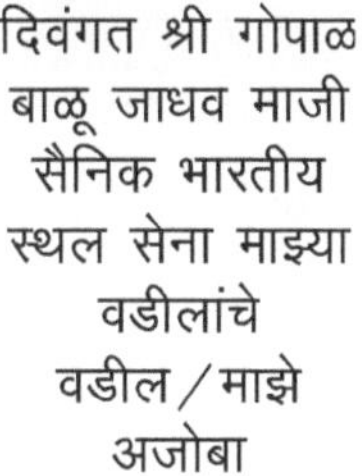

दिवंगत श्री गोपाळ बाळू जाधव माजी सैनिक भारतीय स्थल सेना माझ्या वडीलांचे वडील / माझे अजोबा

दिवंगत श्री विश्राम हिरू (हिराजी) पवार माजी गिरणी कामगार माझ्या आई चे वडील / माझे आजोबा

दिवंगत श्रीमती रंजना विश्राम पवार माझ्या आई ची आई / माझी आजी

समर्पण

यह ग्रंथ मेरे पप्पा–मम्मी, मेरे दोनो तरफ के दादा–दादी,
नाना–नानी, बाप – दादा मेरे संपूर्ण परिवार,
मेरे प्रिय जन, परंपरा, मेरे गुरूजन, मेरे मित्र,
मेरे डॉक्टर्स, समर्थक,
प्रेरक, सर्व सर्वोच्च ब्रम्हांडीय विष्व षक्तीमान ईष्वरीय यंत्रणा,
प्रकृती, विष्व, सभी उर्जा स्त्रोत, पंचमहाभूतों, सभी सर्वोच्च
षक्तियों को समर्पित है। तथा सभी विष्व मनुश्य मात्रांओंके
षारीरिक, मानसिक और आर्थिक समृद्धी के लिए प्रेरित है....

..... सुहास सुरेंद्र सुमिता जाधव

मेरा पुनर्जन्म..... हम इनके कायम ऋणों में हैं। विशेष आभार

मुंबई महानगरपालिका के. ई. एम् हॉस्पिटल/परेल/मुंबई, न्यूरो सर्जरी डिपार्टमेंट	
प्रो. डॉ. अमित माहोरे	एमडी/एमएस/न्यूरोसर्जन के. ई. एम् हॉस्पिटल/परेल/मुंबई, न्यूरो सर्जरी डिपार्टमेंट
टाटा मेमोरियल हॉस्पिटल परेल मुंबई, रेडिएशन ऑन्कॉलॉजी डिपार्टमेंट	
प्रो.डॉ. राकेश जलाली	एमडी/एमएस/रेडिएशन ऑन्कॉलॉजिस्ट टाटा मेमोरियल हॉस्पिटल/परेल/मुंबई रेडिएशन ऑन्कॉलॉजी डिपार्टमेंट
प्रो. डॉ. राजेश उचिल	एमडी/एमएस/कार्डियालॉजिस्ट/शिवाजीपार्क/दादर/मुंबई
प्रो. डॉ. हेमंत तेलकर	एमडी/रेडिओलॉजिस्ट/ज्युपिटर/दादर/मुंबई
प्रो. डॉ. तेजपाल गुप्ता	एमडी/रेडिएशन ऑन्कॉलॉजिस्टपॅथॅलॉजिस्ट टाटा मेमोरियल हॉस्पिटल/परेल/मुंबई रेडिएशन ऑन्कॉलॉजी डिपार्टमेंट
प्रो. डॉ. अजय दुधानी	एमडी/एमएस/आय सर्जन/सांताक्रुझ पश्चिम/मुंबई
प्रो. डॉ. सविता गोस्वामी	क्लिनिकल सायकॉलॉजिस्ट/सायको ऑनकॉलॉजिस्ट टाटा मेमोरियल हॉस्पिटल/परेल/मुंबई
प्रो. डॉ. प्रमोद भंडारी	एमडी/स्किन/डरमॅटौलॉजिस्ट/मिरा रोड ठाणे
प्रो. डॉ. वीणा सारस्वत	एमबीबीएस/जनरल फिजिशियन/हमारी फॅमिली डॉक्टर/मिरा रोड/ठाणे

अॅडव्होकेट श्री. प्रवीण शुक्ला	मेरे कराटे प्रशिक्षक/मार्गदर्शक/प्रेरक
प्रो. डॉ. मानसी टाकले	एमडी/फिजिओथेरपिस्ट/ टाटा मेमोरियल हॉस्पिटल/परेल/मुंबई
प्रो. डॉ. शशिकांत चंदन शिवे	एमडी/फिजिओथेरपिस्ट/ टाटा मेमोरियल हॉस्पिटल/परेल/मुंबई
श्रीमती नयना गोडांबले	स्हाय्यिका/ टाटा मेमोरियल हॉस्पिटल/परेल/मुंबई
प्रो. डॉ. प्रवीण रंगारी	एमएस/जनरल सर्जन/विपश्यना हॉस्पिटल/मिरा रोड/ठाणे
प्रो. डॉ. विजय सारथी	एमडी/पॅथॅलॉजिस्ट/ केईएम हॉस्पिटल / परेल /मुंबई
प्रो. डॉ. अमोल	एमडी/न्यूट्रीशनिस्ट/ केईएम हॉस्पिटल / परेल /मुंबई २०१२-२०१३

मेरा पुनर्जन्म..... हम इनके

कायम ऋणों में हैं। विशेष

आभार

श्रीम. देवकी गोपाल लाधव - आई/मेरे पिताजी की माता/दादी

प्रो. सौ. समिक्षा रविंद्र सूर्यवंशी	मेरी दीदी /मेरी बड़ी बहन
प्रो. श्री. रविंद्र प्रकाश सूर्यवंशी	मेरे जीजू /दीदी -बहन समिक्षाके पती
कु. अहर्त रविंद्र समिक्षा सूर्यवंशी	मेरा भांजा/दीदी समिक्षाका बेटा
श्री. रविंद्र गोपाल जाधव (अण्णा)	मेरे चाचा - १
प्रो.मिलिंद गोपाल जाधव (भाई)	मेरे चाचा - २
श्री. चंद्रमणी गोपाल जाधव (अप्पा)	मेरे चाचा - ३
सौ. प्रियांका प्रमोद कांबले (बुआ)	मेरी माई बुआ - ४
श्री. प्रमोद भागुराम कांबले (बुआ के पती)	मामाजी
श्री. दिलिप विश्राम पवार (मामा)	मेरे मामा - ३
श्री. महेंद्र लक्ष्मण जाधव (मामा)	मेरे मामा - २
श्री. ज्ञानदेव विश्राम पवार (मामा)	मेरे मामा - १
सौ. नवनीता ज्ञानदेव पवार (मामी)	मेरी मामी - १
श्रीम. सुरेखा विश्राम पवार (मावशी)	मेरे मौसी

मेरा पुनर्जन्म..... हम इनके कायम ऋणों में हैं

विशेष आभार अनुयोग शिक्षण संस्था: खार पूर्व

मुंबई, महाराष्ट्रा

अनुयोग विद्यालय मराठी विभाग/इंग्रजी विभाग/ ज्युनियर कॉलेज विभाग खार पूर्व, मुंबई.

अनुयोग को. ऑप. क्रेडीट सोसायटी लिमिटेड: खार पूर्व, मुंबई. सेकंडरी को. ऑप. क्रेडीट सोसायटी लिमिटेड कुर्ला/ जोगेश्वरी (प), मुंबई प्राचार्य प्रा. श्री. सतिशचंद्र दत्तात्रय चिंदरकर मुख्याध्यापिका श्रीम. रोहिणी सतिशचंद्र चिंदरकर

श्री. अशोक गोविंद खांडेकर - शिक्षक/अनुयोग/पनवेल

श्री. प्रकाश पांडुरंग निवाते - शिक्षक/अनुयोग/पनवेल

श्री. अरविंद पुरूषोत्तम सावंत - माझी प्राचार्य/अनुयोग/लोअरपरेल

श्री. अनंत गोविंद कांबले - शिक्षक/अनुयोग/वसई

ॲडव्होकेट श्री. प्रवीण शुक्ला - कराटेकोच/मिरा रोड

प्राचार्य श्री. रामचंद्र आदावले - अनुदत्त विद्यालय कांदिवली पूर्व

प्रा. श्री. अजय दरेकर - व्ही. ई. एस. /वरली, मुंबई

ब्लू रोज पब्लिकेशन प्रा. लि. - नॉयडा/दिल्ली

मेरा पुनर्जन्म....हम इनके कायम ऋणों में हैं १) प्राचार्य श्री. सतिशचंद्र दत्तात्रय चिंदरकर

२) श्रीमती रोहिणी सतिशचंद्र चिंदरकर

३) प्राचार्य सूर्यकांत लक्ष्मण जोशी

४) श्रीमती शशी ए. सरदेसाई

५) प्राचार्य शिवाजी शंकर रसाल

६) श्री सुधीर यशवंत पोयरेकर

७) प्राचार्य वसंत भानुदास इंगले

८) प्राचार्य लक्ष्मण गणपत पवार

९) श्रीमती उशा साहेबराव झेले

१०) श्री. अशोक वासुदेव खाचणे

११) श्री. किसन बाबू सत्रे

१२) प्राचार्य एकनाथ रामकृष्ण केदार

१३) प्राचार्य अरविंद पुरूषोत्तम सावंत

१४) प्राचार्य दिलिप यशवंत जाधव

१५) श्री. दादासाहेब मुरलीधर पवार

१६) श्रीमती अर्चना अ. नाईक

१७) श्री. अशोक गोविंद खांडेकर

१८) श्री. अनंत गोविंद कांबले

१९) श्री. गणेश नाना करवंदे

२०) श्री. भानुदास किसन पाटोले

२१) श्रीमती दिव्या दीपक संख्ये

२२) श्री. डी. ज. बनगर

२३) श्रीमती मीना कमलाकर कोली

२४) श्री. रामदास सखाराम गेठे

२५) श्रीमती तृप्ती हरेश हंबिरे

२६) श्री मधुकर बाबुराव रूपवते

२७) श्रीमती स्मिता रामचंद्र चोरामले

२८) श्री. गुरूनाथ दिगंबर कुडव

२९) श्री. ज्ञानदेव अनंत मुणगेकर

३०) श्री. अमोद श. गोसावी

३१) श्री. बबन दत्तू सुतार

३२) श्री. नवनाथ दिगंबर मुणगेकर

३३) श्री. उमा रामा सारूक्ते

३४) श्री. सुनिल बाबाजी मयेकर

३५) श्री. सुभाष विष्णू पवार

३६) श्री. मनोहर जी. लिंगडे

३७) श्री. प्रमोद गणपत महाकाल

३८) श्रीमती अनिता जी. कातकाडे

३९) श्रीमती कनिषा एस. बहीर-घेवडे

४०) प्राचार्य विलास तानाजी पवार

४१) श्री. हर्षल पी. देवरे

४२) श्री. मंगेश एस धामणसकर

४३) श्री. सुनिल भिमराव बाविस्कर

४४) प्राचार्य रामचंद्र आदावले

४५) श्री. बाबाजी पवार

४६) प्रो. डॉ. प्रकाश सालवी/रूपारेल कॉलेज माटुंगा (प)मुंबई ५०) डॉ. ऋतुजा दलवी-टयुनिश

५१) श्रीमती अश्विनी सॉलियन

५२) ॲडव्होकेट प्रवीण शुक्ला

५३) डॉ. प्रशांत घोरपडे
५४) शेफ निखिल कांबले
५५) श्री. प्रथमेश घरत
५६) ॲडव्होकेट शिराज मांजरेकर
५७) श्री रूपेश भोसले
५८) श्रीमती स्नेहा
कुडतरकर-वाघेला
५९) श्रीमती संतोषी कदम
६०) श्री. प्रणीत धोपटे
६१) श्री. उमेश तिरमाली
६२) डॉ. आशिष मिश्रा
६३) श्री. आकाश आंब्रे
६४) श्री. नंदकुमार दाजी संख्ये
६५) श्री. विलास गणपत रहाटे
६६) श्रीमती वसुधा घाग
६७) श्रीमती रेणुका हरमलकर
६८) श्रीमती एनिड लेमॉस
६९) श्री. वाय. एम. कोमन
७०) श्रीमती ग्रेटा फारेल
७१) श्रीमती लुईसा तुस्कानो
७२) श्रीमती लॉरिटा पिंटो
७३) श्रीमती सिबिल फुर्त्याडो
७४) श्रीमती तृप्ती पाटील
७५) श्री. अभिषेक मोरे
७६) श्री. मंगेश चौधरी
७७) श्री. विनय द्विवेदी
७८) श्रीमती रूही शेख
७९) श्री. रामचंद्र के. भोसले
८०) श्रीमती सीता रामचंद्र भोसले
८१) श्रीमती सुमन अरूण कुरले
८२) श्रीमती आशा संजय पवार
८३) प्रो. गणेश तुकाराम पाटील
८४) प्रो. सखाराम पां. पाटील
८५) प्रो. प्रणाली प्र. परब - जोशी
८६) प्रो. संतोष एम. परब
८७) प्रो. भानुदास ना. पवार
८८) प्रो. अमृता गानू
८९) प्रो. अपूर्वा धोंड
९०) श्री. प्रकाश पांडुरंग निवाते
९१) श्रीमती नीलम एम. चिंदरकर
नार्वेकर
९२) श्रीमती विदया सु. परब जाधव
९३) श्रीमती प्रियंका प्र. राजम
मालणकर
९४) श्रीमती अ. ज. वाडेकर-पांचाल
९५) श्रीमती वैभवी व्ही. गावडे -
राऊत
९६) श्री. महेश म. मुलमुले
९७) श्रीमती कविता श. इंगले
९८) श्रीमती विशाखा सु. जाधव
९९) श्रीमती कुमुदिनी रामनाथ
पारकर
१००) श्री. दीपक पाटील
१०१) श्री. दशरथ बोराडे
१०२) अखंड कुडली भावकी
गाव/मुंबई
१०३) श्री सुभाष गणपत जाधव
१०४) श्रीमती निकिता सुभाष जाधव

मेरी जान बचाने के लिए हर संभव प्रयास करने
वाले मेरे प्रिय डॉक्टर्स

प्रो. डॉ. अमित माहोरे सर
एम.डी./एम.एस./न्यूरोसर्जन के. ई. एम.
हॉस्पीटल/परेल/मुंबई

मेरी जान बचाने के लिए हर संभव प्रयास करने वाले मेरे प्रिय डॉक्टर्स

प्रो. डॉ. राकेष जलाली सर
एम.डी./एम. एस./रेडीएषन ऑनकॉलॉजिस्ट टाटा मेमोरियल हॉस्पीटल/परेल/मुंबई

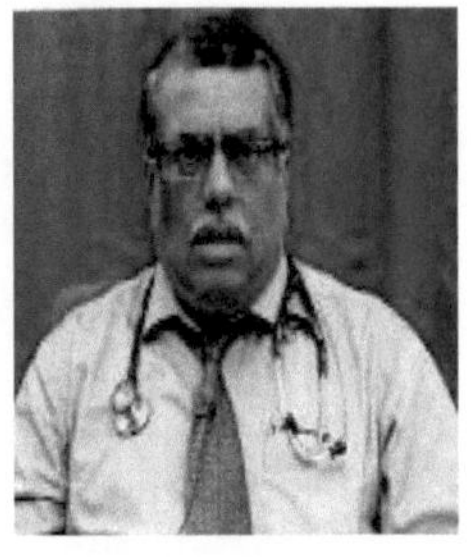

प्रो. डॉ. राजेष उचिल सर
एम.डी./एम. एस./ कार्डीयॉलॉजिस्ट षिवाजी पार्क/ दादर/मुंबई

प्रो. डॉ. हेमंत तेलकर सर
एम.डी./रेडीओलॉजिस्ट
जुपीटर/दादर/मुंबई

प्रो. डॉ. तेजपाल गुप्ता सर
एम.डी./रेडीएषन ऑनकॉलॉजिस्ट/पॅथॅलॉजिस्ट टाटा मेमोरियल हॉस्पीटल/परेल/मुंबई

मेरी जान बचाने के लिए हर संभव प्रयास करने वाले मेरे प्रिय डॉक्टर्स

प्रो. डॉ. अजय दुधानी सर
एम.डी./एम. एस./आई
सर्जन सांताक्रुझ
पष्चिम/मुंबई

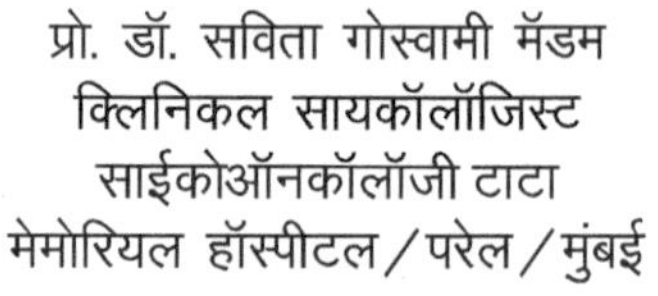

प्रो. डॉ. सविता गोस्वामी मॅडम
क्लिनिकल सायकॉलॉजिस्ट
साईकोऑनकॉलॉजी टाटा
मेमोरियल हॉस्पीटल/परेल/मुंबई

प्रो. डॉ. प्रमोद भंडारी सर एम.
डी./स्किन/डरमॅटॉलॉजिस्ट
मीरा रोड पूर्व, ठाणे

प्रो. डॉ. वीणा सारस्वत मॅडम
एम. बी. बी. एस./जनरल
फिजिषियन हमारी फॅमिली
डॉक्टर/ मीरा रोड पूर्व/ठाणे

मेरी जान बचाने के लिए हर संभव प्रयास करने वाले मेरे प्रिय डॉक्टर्स

ॲडवोकेट श्री. प्रवीण षुक्ला सर मेरे कराटे प्रषिक्षक / मार्गदर्षक / प्रेरक

मेरे प्रिय आणि आदरणीय, मेरे ऑपरेषन करने वाले डॉ. अमित माहोरे सर के साथ मैं मेरे अच्छे होने के बाद

मेरे अच्छे होने के बाद ताज हॉटेल मुंबई में मैं मेरे प्रिय और आदरणीय डॉ. राकेष जलाली के साथ

मैं मेरी फिजिओथेरपिस्ट डॉ. मानसी टाकले मॅडम, नैना मॅडम और जयश्री मॅडम के साथ

मेरे लिए हर संभव प्रयास करने वाले मेरे गुरूजन/मित्र परिवार

हमारे गॉड फादर, अनुयोग संस्था के संस्थापक, संचालक, बेस्ट टीचर राश्ट्रपति पुरस्कार प्राप्त शिक्षक, शिक्षाविध प्रेरक, प्राचार्य प्रो. सतीशचंद्र दत्तात्रय चिंदरकर सर

हमारी गॉड मदर, अनुयोग संस्था की सह संस्थापिका, संचालिका, शिक्षाविध, प्रेरक मुख्याध्यापिका प्रो. रोहिणी सतीशचंद्र चिंदरकर मॅडम

हमारे प्रिय सहयोगी शिक्षक मित्र औरहमारे आर्थिक व मानसिक प्रेरक/ श्री. अशोक गोविंद खांडेकर सर

हमारे प्रिय सहयोगी शिक्षक मित्र और हमारे आर्थिक व मानसिक प्रेरक श्री. प्रकाश पांडुरंग निवाते सर

हमारे प्रिय सहयोगी
षिक्षक मित्र माजी प्राचार्य
श्री. अरविंद पुरूशोत्तम
सावंत सर

हमारे प्रिय सहयोगी
षिक्षक मित्र श्री अनंत
गोविंद कांबले सर

हमारी जान बचाने के लिए हर संभव प्रयास करने वाले मेरे परिवारीय और प्रियजन

मेरे पप्पा की मम्मी
मेरी दादी श्रीमती
देवकी गोपाल जाधव

मेरे पप्पा/पिताजी
श्री. सुरेंद्र गोपाल
जाधव

मेरी मम्मी/माताजी
श्रीमती सुगिता सुरेंद्र
जाधव

मेरी बड़ी बहन/
दीदी प्रो. समिक्षा
रविंद्र सूर्यवंषी

मेरे जीजू/बड़ी
बहन समिक्षा दीदी
के पती प्रो. रविंद्र
प्रकाष सूर्यवंषी

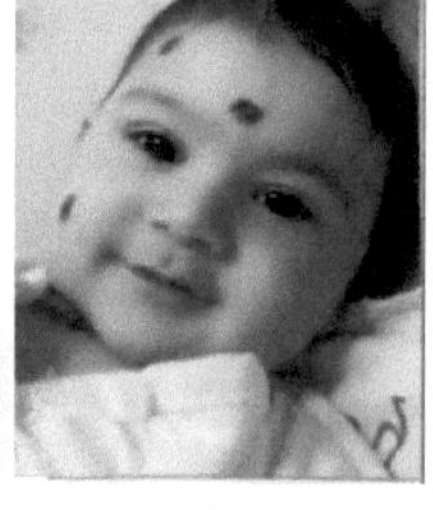

मेरा
भाँजा/बाला/लाड
कू कु. अहर्त रविंद्र
समिक्षा

मेरा भाँजा / बाला/लाडकू कु.
अहर्त रविंद्र समिक्षा सूर्यवंषी

हमारी जान बचाने के लिए हर संभव प्रयास करने वाले मेरे परिवारीय और प्रियजन

मेरे चाचा–1 श्री.
रविंद्र गोपाल जाधव

मेरे चाचा–2 श्री.
मिलिंद गोपाल जाधव

मेरे चाचा–3 श्री.
चंद्रमणी गोपाल
जाधव

मेरी बुआ–4
मायी / बेबी बुआ

मेरी माई बुआ के
पती / मामाजी
श्री. प्रमोद भागुराम कांबले

हमारी जान बचाने के लिए हर संभव प्रयास करने वाले मेरे परिवारीय और प्रियजन

मेरी मम्मी के बड़े भाई/ मेरे मामा–1 श्री. ज्ञानदेव विश्राम पवार

मेरी मामी–1 श्रीमती नवनीता ज्ञानदेव पवार

मेरे मामा–2 श्री. महेंद्र लक्ष्मण जाधव

मेरे मामा–3 श्री. दिलीप विश्राम पवार

मेरी मम्मी की बडी बहन/मेरी मौसी श्रीमती सुरेखा विश्राम पवार

मैं सुहास सुरेंद्र सुमिता जाधव,

वो दिन आज भी मुझे याद है। वर्तक कॉलेज, वसई में गाने का कॉँपिटीशन था। मैंने भी उस कॉँपिटीशन में हिस्सा लिया था। मेरा दोस्त आशिष सातपुते ही उस कॉँपिटीशन की व्यवस्था कर रहा था। वोही सारे कार्यक्रम की देखभाल और रूपरेखा बना रहा था। मैंने उसे कहा की दो-तीन गाने हो जानेपर मेरा नाम पुकारो और उसने वैसे ही किया। मेरा नाम पुकारने पर मेरे दोस्तोंने तालियाँ बजाई। जज भी अचंबित हुए। मैं आया। मैंने गाया। थोडी देर बाद मैं उनसे कहकर घर को निकला। आज मेरी अपॉईन्मेंट थी, डॉ. राजेश उचिल कार्डीओलॉजिस्ट, दादर शिवाजी पार्क। मैं घर आया, और मैंने मम्मी से कहा की मेरा गाना ठीक ठाक हुआ, अच्छा हुआ। पर मुझे सी.टी. स्कॅन के बारे में कुछ पता नही था। मेरे पापा ने मेरा सी.टी. स्कॅन और रिपोर्ट 16 जुलाई 2008 को ही लिया था। पर मैं डॉ. उचिल के पास जाने के लिए तैयार नही था। तो मम्मीने शर्त रखी। अगर मैं डॉक्टर के पास आने को तैयार होता हूँ, तो ही वो (मम्मी और पापा) अपने अपॉईंटमेंट के लिए जायेंगे। मम्मी पापा दोनों का डॉ. उचिल के पास चेकअप था, नमिता क्लिनिक में। शाम को लोकल ट्रेन से हम दादर गए। मुझे रेल्वे स्टेशन की सिढियाँ चढने-उतरने और चलने में काफी दिक्कत हो रही थी। दर्द महसूस हो रहा था। दिलीप मामा, मम्मी, पप्पा और मैं टॅक्सी से नमिता क्लिनीक

पहुँचे। मैं एक कराटे 1st DAN ब्लॅक बेल्ट था और रेफ्री लायसंस होल्डर भी। पिछले 12 सालों से मेरी बडी बहन समिक्षा (दिदी) और मैं, मार्शल

आर्ट की ट्रेनिंग SKAI (Shotokan Karate Association of India) से ले रहे थे। मैं मेरे स्कूल कार्डीनल ग्रेशियस हायस्कूल का हेडबॉय भी था। इसलिए हरएक विद्यार्थी से मैं परिचित था। मैं हरएक सांस्कृतिक उपक्रम, कार्यक्रम, खेलकूद, गाना इ. में बढ़चढ़कर हिस्सा लेता था। इस कारण मैं सबकी नजर में रहता था। मेरे टिचर्स (गुरु, शिक्षक) का मैं फेवरेट विद्यार्थी था। मेरी दीदी (समिक्षा) 2002 – 2003 के दौरान पर्पल हाऊस (गट) कप्तान थी। सुहास, समिक्षा का भाई है, ऐसे और इसलिए मैं दुगूना सबको परिचित था। कार्डीनल ग्रेशियस हायस्कूल बांद्रा में है। हम भी वहाँ ही रहते थे। मेरे दादाजी के देहांत के बाद हम कुछ साल स्लम (झुग्गी) में रहने लगे। पपाने फिर 200304 में 2BHK घर कर्जेपर मिरारोड में लिया। टॉयलेट सार्वजनिक होनेके कारण, हम सबको बडी तकलीफ और दिक्कत होती थी। दीदी (समिक्षा) का 12 वी H.S.C. का साल और मेरा 10 वी S.S.C. का साल था। तो हमने तय किया और 9-6-2004 से हम मिरा रोड में रहने लगे। नये लोग, नया वातावरण, नया घर, साथ में नई समस्याएँ। हम जानते थे, कठिनाईयों का कैसे सामना किया जाता है और ये भी मालूम था की खतरा उठाए बिना फायदा नही मिलता। वो दिन अलग ही थे। सुबह 4.30 बजे उठना, तैयार होना, निकलना, ऑटोरीक्षा के लिये भागदौड, खचाखच भरी लोकल ट्रेन। वो सचमुच में बहूत कठीन्e परिस्थिती थी। लोकल ट्रेन का सफर मुश्किल इसलिए था, क्योंकी ट्रेन के दरवाजे पर लटककर सफर करना पडता था, इतनी भीड होती थी। पर मन में आशा थी और जिसको अपनाया था, उसे निभाना था। पापाने 3 महिने का फर्स्ट क्लास (प्रथम दर्जा) का पास निकाला। मुझे सेकंड क्लास (दुसरा दर्जा) पास से भी फर्स्ट क्लास सफर करने की छूट थी,

नियम अनुसार। तो अभी हमें लोकल ट्रेन के अंदर जाने लायक जगह मिल जाती थी। दिन गुजरते गये, साल बिता और हमें पता ही नही चला की कब एक साल पुरा हुआ। फिर 26 जुलाई 2005 को बांद्रा पॉलिक्लिनिक में मेरा अॅडमिशन होते होते रह गया और हो न पाया। उस दिन की भारी बारीश के कारण ट्रेन बंद थी और पापा और मैं बांद्रा के घर (स्लम) पहुँचे। मेरी दादी, मेरे चाचा उनका परिवार और एक चाचा के दो बेटे, बुवा और उसके दो बच्चे वहाँ थे। इतनी जबरदस्त, तेज बारिश के कारण पुरी मुंबई में बाढ आयी थी, पानी से भर गयी और बंद हुई थी। हम जहाँ ठहरे थे वहाँ पानी इतना (4 फीट) पानी भरा था। पानी का स्तर बढते जा रहा था। अब बाहर अंधेरा हुआ था। आजुबाजु के घरों के दरवाजे बंद थे। मैंने तय किया की पानी में उतरूंगा। हमने रात का खाना जल्दी खाया था। मेरे पापा ने सबको पेटभर खाना खाने को कहा, क्योंकी, हम नहीं जानते थे की अगली बार हमें कब खाना खाने मिलेगा। वो ''आपातकाल'' का वक्त था। हम सब सोये थे। मेरे पापा दरवाजे को पैर लगाकर सोये थे। ये सोचकर की घरमें पानी आया तो दरवाजे से ही आ सकता है। पर पानी जमीन से आने लगा। तभी हमने दरवाजा खोला और बाहर देखा। बाहर अंधेरा और पानी था। मैंने पप्पा को बोल रखा था और मैंने भी वही किया जो कहाँ। मैं पानी में उतरा। पानी मेरे गले तक था। लगातार बारिश हो रही थी। मैंने 5 से 6 डबल घरोंमें जाकर थोडी सी जगह है क्या? पूछा। एक रात के लिए मैंने उनसे बिनती की। पर सभीने मुझसे जगह नही है ऐसे ही कहा। गली के अंत में पेंडूलकर चाची का डबल घर था। वो हमें जानी पहचानी थी और एक शिक्षिका थी। उन्होंने कहा की, ''औरते और बच्चों को समा सके, इतनी ही जगह है''। मैं सीधे पानी में होकर वापस मेरे पापा को ये बात बताने आया। अभी कडी और सच्ची परीक्षा थी। सब गंदा पानी था, जो 4 फीट था, और उसमें बारीश शुरु थी, उपर से रात का अंधेरा। मैंने

सबसे कहा की, मैं 5 बच्चों को एक-एक कर कंदेपर बिठाकर के पानी में चलकर ले जाता हूँ। और मैंने वैसे ही किया। पानी का स्तर बच्चों की लंबाई से ऊँचा था और वे डूब जाते। मेरे पापा, चाचा (मिलींद) और मेरी दादी को उठाकर उसे कम पानी में भिगाते हुए पेंडुलकर चाची के घर पहुँचे। हमारे पीछे-पीछे चाची (मिलींद चाचा की पत्नी, उनकी छोटी बे़टी के साथ) मेरी बुआ और निशाताई आये। अब ये घर जो पहले मालेपर था वो गर्दी से भर गया। इसलिए पपा और चाचा लोखंड की सिढ़ी पर बैठ गये और मुझे माले के एकदम दरवाजे पर थोडीसी बैठने लायक जगह मिल गयी। उस रात का एक-एक पल घंटे की तरह गुजर रहा था। मेरे और हम सभी के लिये। हम सब पुरी तरह से फस गए थे उस रात। लेकीन मैंने पाँच बच्चों को और मेरे पापाने पुरे परिवार की जिंदगी बचाई थी। उन्होंने दिवार की तरह हमारी इस खतरेवाली और खतरनाक जानलेवा परिस्थिती में मजबुती से रक्षा की थी। धीरे-धीरे सुरज उग रहा था, रात जा रही थी और अंधेरा खत्म हो रहा था। पानी का स्तर भी कम हो रहा था। अंत में सुबह 10बजे पानी पुरा चला गया। मेरी बुआ के पती प्रमोदमामा घर पहुँचे। वे पुरी तरह से भीग गये थे। वे अंधेरी में अटक गये थे, क्योंकी

उनकाा BEST बस वहाँ फँस गयी थी। मेरे वसई के चाचा हमें देखने मिरारोड से बांद्रा

आये। उनकी पत्नी वेस्टर्न एक्सप्रेस हायवेपर लाखों मुंबईकरों के साथ चलकर आ रही थी, जो उस महाभयंकर बाढ़ और बारिश में फँसे थे। पर एक अच्छे और नेक इन्सानने उन्हें अपनी गाडी में बैठने की जगह दी, क्योंकी उन्हें उनकी दया आयी होगी। वो बालबाल बची थी। मेरी मम्मी के छोटे भाई और मेरे मामा दिलीप भी हमें देखने माहिम से आये। सब लोग सुरक्षित थे। हरएक की जिंदगी बचाकर मेरे पापा और मैं मिरारोड अपने घर को निकल पडे। जैसे ही हम घर पहुँचे, मेरी मम्मी,

मेरे पापा को गले लगकर रोने लगी। ये सच है की हमने और मेरी मम्मीने एक बडे संकट का सामना किया था।

इस सबमें मेरा डिप्लोमा इंजिनिअरींग का दाखिला नही हो पाया और पहलेही मैंने वर्तक कॉलेज वसई का अॅडमिशन कॅन्सल किया था। बादमें मुझे परेल में टेक्निकल स्कूल और जुनियर कॉलेज याने महात्मा फुले जुनियर कॉलेज में दाखिला मिला। फिर से मेरा थका देनेवाला सफर शुरु हुआ। हरएक दिन मैं थककर चूर होता। हर शाम मैं ट्यूशन क्लास को भी जाता। मैंने कराटे क्लास को जाना भी जारी रखा था। मेरा समय नियोजन पुरी तरह से बाधीत हुआ था। रोजका सफर, बिलकुल आराम नही और पुरी नींद तो हरगिज नहीं। मेरी इम्युनिटी लेवल (Immunity Level) याने रोगप्रतिकार शक्ती कम होने लगी। बचपन में मैं ''पिलीया (Jaundice) का शिकार हुआ था। मुझे तभी हॉस्पीटल में भी दाखिल किया गया था। इस बार फिरसे मुझे पिलिया हुआ। उसके ठिक पीछे-पीछे मुझे टायफॉईड फिवर हुआ। और मैं शरीर से टूट गया। हममें से किसीको कुछ भी समझ नही आ रहा था। ये सब सहकर मैं कराटे क्लास भी जाता था। उन दिनों मुझे चिकनपॉक्स भी हुए थे। 12वी का साल बहुत ही कठीन गया । उस दौरान मुझे कम से कम आराम और नींद मिलती। मेरे पापा और मैं औरंगाबाद तक हो आये । इंजिनिअरींग अॅडमिशन के लिये। पर वो न हो पाया। मैं 12वी HSC पास था। पर मेरा इंजिनिअर बनने का सपना, सपना ही रह गया। तो अभी मैंने B.Sc.की पढाई वर्तक कॉलेज में शुरु की। पर जब तक मैं शारीरिक और मानसिक दोनों बाजुसे टूट चुका था। मैंने अपना सेहतमंद होना खोया था। मेरी रोगप्रतिकार की प्रक्रिया ही जैसे टूट गई और अब वो जवाब देने लगी। मेरे सर के बाल सफेद होने लगे। पर वो इतनी कुछ बडी बात नही थी, क्योंकी बचपन में मेरे एक-दो बाल सफेद होते थे। पर अब ढेरों बाल सफेद होने लगे।

और पहली बार मेरी नजर पे परिणाम हुआ। चंद पलों के लिए मुझे अंधापन आने लगा। अंधेरा सा आँखों पर छाने लगा। उन पलों में मुझे कुछ भी दिखाई नही देता था। मैं शक्तीहीन महसूस करता, कमजोरी महसूस करता और गीर जाता। कमजोरी की वजह से ये सब हो रहा है ऐसा हम सोचने लगे। मेरे पापा मम्मी के मन में कई विचार आने लगे। वे बेचैन हो गये थे और उनका मन कहीं नहीं लगता था। मेरी आदते और बर्ताव कुछ अलग (अब नॉर्मल) सा शुरु हुआ। कुछ अप्राकृतिक आदतें शुरु हुई जैसे गर्दन एक दिशा में मुडना। चंद पलों बाद ऐसा करना। चक्कर आना, संतुलन बिगड जाना, चलते वक्त खडे होने पर आदी लगातार आम्लता होना। रीढ की हड्डी में दर्द होना और पीठ दर्द। मैंने उसपर पहले दादर में जैन हेल्थ सेंटर में चिकित्सा लाईट अपने पीछे कमरपर ली थी। मेरा सामान्य बर्ताव अब अलग से बदल गया और मुझे गुस्सा जल्दी आने लगा। मैं कोपित और गुस्सैल और होता गया। जिंदगी में मेरी रूची खत्म सी हो गई। इसका कारण ये था को जो रोजमर्रा की चीजें हरकोई आसानी से कर लेते, मैं न कर पाता। मैं चूप रहता और एकही जगह पर बैठे या सोये रहता। मेरा हिलना, डुलना भी बंद हो गया। मैं बेडपर लेटे घंटों सोचता की आखिर क्या हो रहा है। सब मिलाकर मेरी शारीरिक गतविधियाँ बंद हो चुकी थी। मैं अकेला रहने लगा। बिना रूके और सतत का सिरदर्द करना और बुखार और माथा गरम रहने के कारण मैं कई बार पासके B.H.M.S.श्रीमती डॉ. गोयल के पास जाता। वो मुझे बुखार और सिरदर्द पर दवाई देती। मैंने उन्हें कई महिनों दिनों तक खाया पर कोई सुधार नही हुआ। वो कहती के टायफॉईड बुखार के बाद कई बार माथा गरम रहता है। मुझे घन(Piles)की भी शिकायते थी। हमने चेकअप किया तो डॉ. राजेश राऊत ने ऐसी संभावना को नकारा। फिर क्यों मैं इतना कमजोर हुआ था? हम सबको ये सवाल खाए जा रहा था। हमारे घर एक बार मेरे मामा का लडका

(महेंद्र मामा - भाईदर) 'मयुर' आया था। वो और मैं बेडरूम में बाते कर रहे थे। उसी दौरान मैं आइने के सामने गया और देखा की मेरे होंठ हिल रहे है और हलचल कर रहे है आपसे ही। ये तो साधारण बात नही थी। एक तरफ होठ झूक गये थे, ऐसे मुझे महसूस हुआ। मेरे बाए हाथ के अंगुठे में कोई, अनुभूतियाँ महसूस नही हो रही थी। मैं दुसरे हाथ से चुटकीयाँ ले रहा था उसकी, उसे दबा रहा था पर कुछ भी महसूस नही हो रहा था। मेरे होठ फिर साधारण हो गये। मैं बाहर आया, मम्मी को ये बाते बताई। उस अंगुठे को दर्दशामक अमृतांजन बाम लगाया और जब मैंने थोडीसी उस तेज बाम की गंध ली, अगले पल मेरी आँखों पर अंधेरा छाया। मेरी आँखें तो खुली हुई थी, पर मैं कुछ भी देख नहीं पा रही था। हम सबको डर लगा और भयभीत हुए। डॉ. राजेश राऊत को घर लाया गया। उन्होंने मुझे जाँचा, एक इंजेक्शन दिया और गोलियाँ दी। 1 जनवरी 2008 को हम MBBS डॉ. रेश्मा पाटील के पास गए। उनका क्लिनिक सिल्वर पार्क में है। अपने ट्रीटमेंट शुरु कर उन्होंने कुछ गोलियाँ लिखकर दी। मन्ना पावडर जो सप्लिमेंट हैं, दूध में मिलाकर पीने को कहाँ। उनका कोर्स करके भी कोई असर नही हुआ। मेरा सिर दर्द वैसेका वैसा ही था। फिरसे हम उनके पास गये। तब उन्होंने कहाँ, ''सुहास इस प्रोटीन सप्लीमेंट पर खडा है।'' ये बात सुनकर मम्मी चौक गई। वो सोचने लगी की ऐसा डॉक्टर ने मेरे बारे में क्यूँ कहाँ? ये बात मेरी माँ को छू गई। घर पर सोच विचार और चर्चापर हम सबने मुझे दादर में डॉ. राजेश उच्चील के पास दिखाने का निर्णय किया। उनके क्लिनिक का नाम नमिता क्लिनिक है। मैं उनसे मिला, उन्होंने मुझे देखा, मेरी जाँच की और कुछ दवाई सिरदर्द कम होने की लिखकर दी। तीन महिनों के लिये। मेरा सिरदर्द सहने के पार हुआ और एक महिने के अंदर ही हम वापस उनके पास पहुँचे। तुरंत उन्होंने मेरा ब्रेन सी.टी. स्कॅन करने को कहाँ। 11 जुलाई 2008 को दादर में ज्युपिटर स्कॅन सेन्टर में

मेरा सि.टी. स्कॅन निकाला था। तभी भी मैं अपना सफर जारी रख वर्तक कॉलेज आना जान करता। मुझे दो दो घंटे फिजिक्स और केमिस्ट्री प्रॅक्टिकल्स (प्रयोग) के दौरान खडे रहने को दिक्कत होती थी। फिजिस्क, केमिस्ट्री और गणित मेरे विषय थे। साल 2007-08 में मुझे मेरी गर्दन को एक दिशा में घुमाने और मोडने की आदत हो चुकी थी। 15 अगस्त 2007, रविंद्र चाचा का पुत्र भारत का जन्म दीन उनके घरपर था और हम सब वहाँ गये थे। तभी भारत की आशा मौसीने मेरी गरदन को घुमाकर मोडनेवाली बात को देखकर पूछा। तभी हमें याद आया की मेरी दादीने भी मेरे पापा को मुझे डॉक्टर के पास मामले को दिखाने को कहाँ था। उस दौरान ही मैं पीठ दर्द, कमर दर्द और रीढ दर्द से परेशान था। दादर श्री नर्सिंग होम के डॉ. अपूर्व देसाई ऑर्थोपेडीक (हड्डी) ने मुझे लाईट लेने के लिये दादर के ''जैन हेल्थ सेंटर'' भेजा। वहाँ मैने अपने थकानेवाले रोज के सफर के बारे में बताया। ''डॉ. किंजल शाह ने मुझे जाँचा और कुछ दिनों के लिये लाईट कमर पे दी। उस साल, मेरी भूक कम हो गयी थी, बेचैनी बढ गई थी। मुझे लगा की ये सब कुछ ''पिलीया होने की वजह से हुआ है। मेरी LIV-52 नाम की गोली शुरु थी। सिरदर्द की वजह से आँखो की जाँच कर नंबर लेकर मैंने (ऐनक) चष्मा पहनना शुरु किया। इतने सब इलाज और कोशिशों के बावजूद भी मेरा सिरदर्द वैसे का वैसा ही था। कोई फर्क नही आ रहा था। मेरे सेहत पर बुरा प्रभाव पड चुका था। फिर भी मैं पढता, चलता और अपने रोजमर्रा के काम अपनी शक्ती पर करता। कुछ दिनों बाद मेरा सर का

X-Ray भी निकाला। पर उसमें कुछ भी पता नही चला। श्रीमती डॉ. गोयल BHMS हमें मार्गदर्शन करती और हम वैसा करते। फिर भी मेरे सीरदर्द में कोई सुधार नही हुआ और मुझे पता ही नही चलता था कि आखिर मुझे क्या हो रहा है। मेरा उत्साह कम हो गया था। हर वक्त सोते रहता। जीवन में कोई इच्छा, तमन्ना बाकी नही थी। पर मम्मी, पापा

और दीदी को देखकर, मैं घर के काम में हाथ बटाँने की keAesefMeMe करता। मेरी मम्मी को थोडी मदद करता। मेरा CET क्लास ें सेंच्युरी में था। मेरा कराटे क्लास, मेरे स्कूल में कार्डीनल ग्रेसियस हायस्कूल बांद्रा में था। मेरा ज्युनियर कॉलेज महात्मा फुले कॉलेज भोईवाडा परेल में था। इतना सफर, इतनी थकान, इतना परिश्रम और मेहनत कर मैंने 12वी में 65% मार्क हासिल किये थे। वो भी विज्ञान की शाखा में हो कर। इन सब की वजह से मेरा नाश्ता दोपहर और रात का खाना समय पर नही हो पाता। कभी मुझे तो टालना भी पडता था। शून्य आराम की वजह से मेरा शरीर, सेहत और तबीयत पर गहरा असर हुआ था। मैं कम होते गया, मेरा शरीर कम हुआ और मैं अलग, असाधारण और पतला दिखने लगा। एक बार मेरी मामी घर आयी थी। उन्होंने मुझे पिछे से देखकर कहाँ ''भाऊ कितना पतला दिखता है''। वे अचंबित हुई थी (मेरी मामी दक्षता दिलीप पवार)। किसी भी डॉक्टर की दवाइयों का असर मुझपर नही हो रहा था। सब चिंतीत थे। दिलीप मामा के घरपर (बाजू के बिल्डींग में) उनके बच्चों का जन्मदिन मना रहे थे। वहाँपर बडे आवाज में गाना लगाया हुआ था। सबको वो ठिक था, पर मुझे बिल्कुल भी जमा नही। मुझे वो असहनीय महसूस हो रहा था। मेरा सिरदर्द हो रहा था और मैं बेचैन था। दुसरों से बाते, हसना, कही चलना पुरी तरह बंद हो गया। मेरा इंजिनियरींग ॲडमिशन न होने के कारण मैं मायूस था। इन सबकी वजह से मैं मंदी में, मायुसी में चला गया और उससे बाहर आना बहुत कठिन और मुश्किल हुआ। एक भी यार, दोस्त मेरे साथ नही था जिससे के मैं अपनी मन की बात बताऊँ और भावनाएँ बाँटू। ये बात मुझे अधिक चूप और गुंगा कर गयी। मैं एकही जगहपर घंटो चूप बैठे रहता था। मैं बहुत कम बार बोलता वो भी मेरी दीदी (समिक्षा) से, मेरी मम्मी और मेरे पापा से। इस कारण सब घर में आ गए। इसलिये, तीनोंने निर्णय लिया की मेरा जन्मदिनपर कुछ अलग करने

का सोचकर निती उन्होंने बनाई। सबसे पहले, हम सुबह निकलकर मीरारोड स्टेशन गये और वहाँ मेरे लिये एक जोडी नये जुते खरीदे जो रु. 700/- के थे। हम चार फिर बस से संजय गांधी राष्ट्रीय उद्यान गये। वहाँपर हमने नदी, तालाब में बोटींग की। पापा और मैं एक नाव में बैठे थे। मम्मी और दीदी दूसरे नाव में थे। बोट को चलाने के लिये हमें सायकल जैसे पायंडल देना पडता था। उसी वक्त एक जोडी भी बोटींग कर रही थी। उनकी नाव चलते चलते कीचड में फँस गयी। दोनों पती-पत्नी बाहर जमीनपर आए और धक्का देकर नाव को कीचड से निकाल रहे थे। उनको देखकर मैं थोडा मुस्कुराया। दीदी और मम्मी तो हँस रहे थे। मेरा हँसना भी अब दर्ददायक हो चुका था की हँसने पर भी मुझे सिर में दर्द होता, सिरपर दबाव आ जाता। पुरे बदन पर दबाव महसूस होता। तो मैं चुपचाप और शांत रहने लगा। बोटींग के बाद हम ''टायगर सफारी'' गये। गाडी से घूमते जंगल में हमने बाघ, चिता, सफेद बाघ, शेर और कई जानवर देखे। मैं सिर्फ आनंद लेनेकी कोशिश कर रहा था, पर मैं कुछ भी करके, ठिक नहीं था। उस समय और मेरे सिर और बदन में दर्द चालू था। फिर भी मैं सबको दिखा रहा था की मैं खुष हूँ। वहाँपर कुछ पिंजरों में हिरन का झुंड था। हमने उनको गाजर खिलाएँ। अपने हाथों से उन्हें गाजर खिलाने मिला था। वो इतने सुंदर, नाजुक और बहुत ही संवेदनशील जानवर थे। बाजुके पिंजरों में एक मादा चिता थी। वो धीरे-धीरे आवाज देती गुरगुराती और उसका पेट भी फुगा हुआ था। जो उसे देखने आता, उसे वो बिमार है ऐसाही लगता। पर जब हम घर आये तो मैंने पापा, मम्मी और दीदी को बताया की वो मादा चिता तो पेट से है। सच है कि चंद महिनों में उसने दो नन्हें छावों को जन्म दिया और यह खबर दूरदर्शनपर भी दिखाई गई थी। उस दिन हमने दोपहर का खाना तो बाहर खाया था। वहाँ पर हमनें मिनी ट्रेन ''वन राणी'' में बैठकर मजा लिया था और कॅमेरा से कुछ फोटोज् भी लिये।

एक दुसरे के दीदी, मम्मी और पापा नाराज और दुखी न हो इसलिये मैं खुष रहने और होने का दिखावा और नाटक कर रहा था। बाद में हमें राष्ट्रीय उद्यान का जो बगिचा है वहाँपर बैठ गये। फिर मेरे पापाने मुझे पुछा की मुझे थिएटर में फिल्म देखनी है या और कहीं दुसरी जगह जाना है? मैंने मना किया और हम घर लौट आये। मेरा दिल अंदर से पुरी तरह बैठ चुका था टूट चुका था। मेरे मनमें कई बुरे खयाल आ रहे थे। बहुत नकारात्मक विचार आ रहे थे। मुझे लेटे रहने की इच्छा हो रही थी। उसी स्थिती में घंटों रहने की इच्छा हो रही थी। मैंने खुदको ही खो दिया था। मैं "क्या चल रहा है?", मुझे क्या हो गया है? इसकी छानबीन, सोच, विचार कर रहा था। हमारी वित्तीय और आर्थिक स्थिती ठिक नहीं थी। उस दौरान नये घर में चार साल रहने के बाद भी मुझे हर वक्त बांद्रा जाने की, इच्छा होती थी। उसी दौरान हमारे बिल्डींग की दुरुस्ती का काम और घर की खिडकीयों की दुरुस्ती का काम चालू था। वो ठिक तरीके से किया नही गया

और हम असंतुष्ट हुये थे। हमने पैसा गवाया था और उसमें नुकसान भी हुआ। वित्तीय और आर्थिक समस्याएँ और बढ गयी थी। इस परिस्थिती से उभरने के लिये पापा बहुत कोशिश कर रहे थे। हम सब के सब बैठ गये थे। मेरी तबीयत की वजह से मैं तो तनाव में था ही, मम्मी, पापा और दिदी भी तनाव में थे। पापा का स्कूल, दिदी की पढाई, थकान भरा आना जाना, कम नींद, इन सबकी वजह से हमारे घर का घरपन ही छिन गया था। घर की सुख-शांती ही खत्म हो चुकी थी। नियमित अडचनों के कारण सब परेशान थे।इस स्थिती में पापा मेरा सी.टी. स्कॅन और उसका रिपोर्ट लाने दादर गये। जब उन्हें वास्तविक, मुश्किलात का पता चला, तब जो हुआ वो सुनकर आज भी हमारे रोंगटे खडे होते हैं। 16जुलाई 2008 को मेरे पापा मेरे स्कॅन और रिपोर्ट लेकर डॉ. हेमंत तेलकर के केबिन में गये। जुपीटर सिटी स्कॅन सेंटर।डॉ. हेमंत

तेलकर ने पहले देखकर कहाँ, ''हाँ प्रॉब्लेम है। फिर पापाने पुछा,'' क्या प्रॉब्लेम है? उन्होंने कहाँ, ''उसके ब्रेन में ट्यूमर है" (मगज में या सीर में गांठ) ये सुनते ही मेरे पापा के पैर कपकपाने लगे। उन्हें कुछ देर के लिये सदमा सा लगा। वे दुखी हो गये। उनपर जैसे दुखोंका बादल फटकर गिर गया था। मेरी दादी, मेरी मम्मी, मेरी दिदी और मैं खुद अन्जान थे की वहाँ पर क्या हुआ था। डॉ. हेमंत तेलकर ने मेरे पापा को कुर्सीपर पहले बैठने को कहा। फिर उन्हें पानी पिने को दिया। उन्हें शांत और आराम से होने स्वस्थ होने को कहा। उन्होंने गाठ निकाल देनेकी सलाह दी। वे बोले की ''95% जानको खतरा नही है, पर 5% मैं कुछ कह नहीं सकता।'' ये शब्द सुनकर

पापाके मन में फिरसे उम्मीद बन गई। पापाने तुरंत फैसला किया की जो डॉ. उचिल कहेंगे, वैसा ही करेंगे। पर वे उस बातसे अनजान थे की डॉ. उचिल कौनसा रास्ता बताते है। उसी शाम को डॉ. उचिल की हमने अपॉईंटमेन्ट ली और नमिता क्लिनीक पहोचे। मैं वहाँ आये हुए मरीजों का निरीक्षण कर रहा था। वे सब साधारण लोग थे। मैं सोच रहा था की मैं इनकी तरह क्यूं नही हूँ। और ऐसा भी सोचा की कब वो दिन आयेगा, जब मैं साधारण, सेहतमंद और अच्छा रहूँगा। आज भी वो पल मुझे साफ साफ याद है। हमारा नंबर आनेपर हम डॉक्टर के केबीन के अंदर पहूँचे। डॉ. उचिल ने स्कॅन को देखकर और मेरे पास देखा और मुस्कराएँ। उन्होंने कहा, ''गडबड है।'' मैंने बिना हिचकिचाहट उन्हें पूछा, ''आखिर मसला क्या है?'' दिमाग को सूजन है और ऑपरेशन करना जरूरी है। मैने पुछा, ''क्या रेडीएशन (लाईट) या गोली दवाई से ठिक नहीं होगा?'' उन्होंने कहा, ''नहीं! सर्जरी करना अत्यावश्यक है।'' मैंने ''चलेगा'' ऐसा साधा, सरल और हलका फुलका जवाब दिया। बादमें मेरे मम्मीने उनसे पुछा, ''कैसे मुझे भी ऐसी तकलीफ हुईथी?'' वे बोले की 1000 इन्सानों के पीछे एक को ये तकलीफ होती

है। डॉक्टरने मुझे बाहर बैठने को कहा। वे अंदर क्या बात कर रहे थे, मुझे कुछ पता नही चल रहा था। डॉ. उचिल ने पापा, मम्मी और दिलीप मामा से कहाँ की, ''ऑपरेशन करना बहुत ही जरूरी है।'' निजी अस्पतालों में करो या सरकारी अस्पताल में, एक ही तरह का होगा। पर निजी अस्पताल मेंब बहूत खर्चा होगा जो तुम सहन नही कर सकोगे। और कोई आम मध्यम वर्ग का इन्सान उसे सहन नही कर पायेगा। तो उन्होंने हमें मुंबई, परेल के.ई.एम. अस्पताल के न्यूरो सर्जरी डिपार्टमेंट के हैड और वरिष्ठ डॉक्टर्स के नाम की चिट्ठी लिखकर दी। डॉ. अतूल गोयल, डॉ. दत्तात्रय मुजूमदार और डॉ. त्रीमुर्ती नाडकर्णी। डॉ. राजेश उचिल एक कार्डीओलॉजिस्ट है और 15 साल उन्होने के.ई.एम. अस्पताल में काम किया था और वे सभी प्रमुख डॉक्टर्स और के.ई.एम. अस्पताल के वरिष्ठों को जानते थे। उनकी दी चिट्ठी को लेकर हम बाहर आये। तब अंधेरा हुआ था और हम चारो पासही के होटल में गये। पापाने वहाँ इडली सांबार मंगाया। हम सब परेशान थे। हम थोडी देर वहाँ बैठे। हमने समय लिया। हममे से किसी की कुछ भी खाने पीने की इच्छा नही थी। पापा ने मम्मी को खाने को कहा, पर वो चिंतीत थी। उसे कैसा तो लग रहा था और उल्टी जैसा मेहसूस हो रहा था। डॉ. उचिल की बातों का ये भारी गहरा असर मम्मीपर हुआ था। पर मम्मीने ये बात हममेंसे किसी को भी नही बताई। और कुछ नही खाया। थकान भरे सफर को मद्देनजर रखके हमने चर्चा कर, यह निर्णय किया की मैं और मम्मी माहीम के मामा के घर रात को रहेंगे। हमें माहीम के ज्ञानदेव मामा (मेरे मम्मी के बडे भाई) के घर रात को छोड कर, पापा और दिलीप मामा मिरा रोड लोकल ट्रेन से निकल गये। पापा ने मेरे दिदी को बताया की वो मिरारोड आ रहे है, पर खाना नहीं खायेंगे। पर दिलीप मामाने दिदी से कहाँ के सँडवीच बनाकर रखे। वो पापा के लिये बनाने लगी। मेरी वो रात सोच विचार और चिंता में गई। मेरी मम्मी ने भी उस रात

खाना नही खाया। मेरी मम्मी ने मेरी मौसी को दुकान में फोन किया और वो भी जल्दी अपना सिलाई का काम खत्म कर माहीम के घर पहुँची। सुरेखा मौसी घर आ गयी और मम्मीने सबकुछ मेरे बारे में उसे बताया। पुरी रात सब परेशान थे। हर एक पल एक घंटा बनकर रह गया था। किसीको कुछ पता नही था अगली सुबह क्या होगा। मेरे मम्मी पापा ने तय किया था कि मुझे इस परिस्थिती से वो बाहर निकाल लायेंगे। पापा, दिलीप मामा से बोले की हमें तुरंत कार्यवाही कर ऑपरेशन करना होगा और इसकेलिये हमें तैयारी रखनी होगी। 17 जुलाई 2008 की सुबह, मेरे जीवन की बहुत अहम् घटना थी। उस सुबह हम सब जल्दी उठे और के.ई.एम. अस्पताल जाने के लिये तैयार हुये। माहीम में सार्वजनिक शौचालय था, इसलिये बाहर जाने के लिये मेरे साथ मेरी मौसी सुरेखा और मामी नवनीता मुझे लेकर गयी। मैंने अपना काम खत्म कर जब उठ खडा हुआ तो अचानक मेरे आँखोपर अंधेरा छा गया। मैं चिल्लाया और मौसी को आवाज दी, ''मैं कुछ देख नहीं पा रहा हूँ मौसी।'' मेरी मौसी और मामी दोनों डर गये,

घबरा उठे। फिर वो मुझे दोनो कंधो को पकडकर धीरे-धीरे चलते हुये घर लेकर आये। पर तब तक मेरी नजर पर आया हुआ अंधेरा चला गया था और मेरी नजर फिरसे साधारण हो गयी थी। जब ये वाकिया उन्होंने मम्मी को बताया तो मम्मी बोली की, ''ऐसा ही हो रहा है।'' ये समस्या, ये मुश्किल ऑपरेशन किये बिना नही जा सकती। सुबह जल्दी ही मेरे पापा और दिलीप मामा माहीम के घर पहूँचे। सुबह 7 बजे हम के.ई.एम. अस्पताल पहुँचे। मेरे पापा बडे है और उनके तीनों छोटे भाई और पापाकी छोटी बहन के पति वहाँ पहलेही आये थे। मेरी मम्मी के तीनों भाई (मामा मेरे) और बहन (मेरी माँसी) साथ में वहाँ आ गये। मेरा केस पेपर निकालकर लाने के लिये दो लोग गये। मेरी केस फाईल ओ.पी.डी. में दी गयी। वो सुबह का वक्त था, मैं पहला मरीज था और

मुझे अंदर बुलाया गया। डॉ. परेश और डॉ. अबिदा ये दो डॉक्टर्स वहाँ मौजूद थे। उन्होंने मुझे बैठने के लिये कहाँ। उन्होंने मुझे जाँचना शुरु किया और एक घंटे तक वे जाँचते रहें। उन्होंने मेरे घूटने को, मेरे कलाई को रबर लगे हुये हतोडे से ठोक कर देखा, उन्होंने मुझे मेरी पिछली जिंदगी के बारे में पुछा और वर्तमान भी। और उन्होंने आपस में ''ग्लायोमा'' ये शब्द दुसरे डॉक्टर्स से कहाँ। उनके चिकित्सा भाषा में मैंने वो शब्द साफ साफ सुने पर तभी मैं उसका अर्थ नही जानता था। ओ.पी.डी. चेकअप के तुरंत बाद ही, मेरा MRI Scan करने को कहाँ गया। और फिरसे मैं चिंतीत हो गया। उन्होंने तुरंत ऐसी चिट्ठी दी इसलिये सभी चिंतीत हो गये और भागदौड करने लगे। महेंद्र मामा के.ई.एम. अस्पताल के MRI डिपार्टमेंट में गये और चिट्ठी देकर अपॉइन्टमेंट लेकर आये। मेरा MRI शुरु हुआ। तकरीबन देड घंटा MRI पुरा होने में लग गया। ये मेरा पहला MRI था और मैंने नीडरता से इसका सामना किया। मैं विचार कर रहा था की मेरा ऑपरेशन छोटा और साधारण होगा। वो जल्दी खत्म होकर मैं वापस अपने कॉलेज जाना शुरु हो जाऊँगा। पर मैं उस ऑपरेशन की गंभीरता से अन्जान था ही और उसकी जटिलताओं से भी अन्जान था। मुझे पताही नही था की आखिर मुझे क्या तकलिफ है। उस MRI मशीन के बेड़पर मुझे लेटने को कहाँ गया। वो बेड मशीन के अंदर जाती है। वो मशीन बडी और गोलाकार आकार की थी और चुंबकीय थी। उस रूमे में सिर्फ मेरे पापा मौजूद थे। धातु की कोई भी चीज अंदर लाना मना था। इस रूम से एक और रूम जुडा था। उस रूम में मशीन चलानेवाले तंत्रज्ञ लोग और डॉक्टर्स संगणक के सामने बैठे थे। दोनो रुम के बीच एक कांच थी जिसके द्वारा वो भीतर से मुझे देख सकते थे। माईक और इंटरकॉम के जरीए वे मुझसे बात कर निर्देश देते। उस MRI मशीन का आवाज काफी जोर का था और कुछ पलों के लिये इन्सान बहरा हो जाए। इसलिये मुझे कान में रूई / कापूस के

बोले डालने के लिये दिये। जब मैं लेटा तो मेरे कानों को बडे बडे दो स्पंजों से कवर किया गया। मेरे एक हाथ पर आय.व्ही. लगायी थी। (आय.व्ही. एक सुई है जो पहले ही हाथ में लगाई जाती है और उसके जरिये हम कितने भी बार बिना सुई के इंजेक्शन दे सकते है। MRI का पहला हिस्सा Plane Brain Scan या Films का था। उस मशीन का आवाज बॉलीवुड फिल्म 'गजनी' में शुरुआत में नाम दिखाने के दौरान जो आवाजे है वैसा ही आता है। मुझे ठंड लग रही थी और कपकपी हो रही थी, क्योंकी वह रूम का एयरकंडिशण्ड फुल था। फिर मुझे काँट्रास्ट का इंजेक्शन IV से दिया गया। इस इंजेक्सन से MRI स्कॅन फिल्म अधिक स्पष्ट दिखाई देते है। देड घंटा लगा मेरा MRI पूरा होने को। हॉस्पीटल के बाजु में ही फिर मेरे खून की जाँच हुयी। अब दोपहर के खाने का वक्त हुआ था, तो हम सब साथमें के.ई.एम्. हॉस्पीटल के सामनेवाले अदिती हॉटेल में गये। हमने कम तीखी रहनेवाली सब्जी और रोटी मंगाई। बाद में हम मेरे खून की जाँच रिपोर्ट और MRI स्कॅन और उसकी रिपोर्ट लेकर फिरसे के.ई.एम. अस्पताल पहुँचे। डॉक्टर्सने हमें ''तुरंत दाखील करे'' ऐसी चिट्ठी लिखकर 2रा माला, वॉर्ड नं. 10 में भेजा। नीले, लाल और हरे पट्टेवाली नर्सेस वहाँ वॉर्ड में मौजूद थी। वो चिट्ठी पढकर उन्होंने मुझे दाखील कर लिया। तब तक शाम हो गयी। अभी हमने मेरे तीनों चाचाओं, प्रमोद मामा (बुआ के पति) और मेरे तीनों मामाओं को घर जाने को कहाँ। सिर्फ पापा, मम्मी और मेरी मौसी मेरे साथ रूकी थी। मेरे वॉर्ड का नंबर 10 था ओर मेरे कॉट का नंबर भी इत्तफाक से 10 नंबरही था। वो वॉर्ड खास ब्रेन और रीढ की हड्डी के मरीजों का था। हर वक्त ऑपरेशन्स जारी थे। मरीजों को ऑपरेशन के लिये ले जाते और ऑपरेशन के बाद वापस ले आते। ये दृष्य देखकर हम घबरा गये थे। पुरी रात मैं सो नही पा सका। मेरे ऑपरेशन के बारे में मिटींग और चर्चा डॉक्टर्स के बीच चल रही थी। वो रात डरानेवाली

रात थी। दुसरे दिन सूरज उगा। मेरे सिर का दर्द वैसे ही था। मैं बेचैन था। सिर में बिना रुके दर्द चालू था। मुझे जो सलाईन लगाई गयी थी उससे दवाईयाँ और इंजेक्शन्स दिये जा रहे थे। जैसे जैसे मेरे बारे में सबको पता चला, मेरे रिश्तेदार दौड़कर के.ई.एम. अस्पताल में मुझे देखने आये। पापा जिस स्कूल में पढाते थे, वहाँ के सारे शिक्षक व पुरा कर्मचारी वर्ग मुझे देखने के लिये के.ई.एम. अस्पताल पहुँचे। यह देखकर वॉर्ड की नर्सेस और डॉक्टर्स गुस्सा होकर हमें डाँटने लगे। तुरंत ही उन्होंने सबको वॉर्ड के बाहर निकाले और भीड कम की। उन दिनों ऐसी घटना दस ग्यारह बार हुई। डॉक्टर्स परेशान हुये। वे भडक गये और गुस्सा हुये। वे बोले की "अपने पेशंट को घर ले जाओ, बाकी पेशंट्स को तकलीफ हो रही है।" "सबको घर बुलाके उसे देखने दो।" मम्मी-पापा ने बाद में डॉक्टर्स से माफी माँगी। अब जो भी मुझे देखने आता, सिर्फ एक को ही अंदर वॉर्ड में मुझे देखने भेजा जाता, वो भी मेरी कॉट से से दूर खडे रहकर; बिना आवाज किये उसे बाहर भेज दिया जाता। ऑपरेशन के ठिक 12 घंटे पहले मुझे कुछ न खाने-पीने की हिदायत दी गयी थी। वो पुरा दिन मैं भूखा रहा और मेरा ऑपरेशन का नंबर आनेका इंतजार करता रहा। मगर कुछ आपातकालीन मरीजोंका ऑपरेशन पहले किया गया और मेरा ऑपरेशन आगे ढकेल दिया गया। पुरे दिन के उपवास और भूखा रहने के बाद रातको 12बजे मुझे खाना खाने को कहा गया। पास के होटल से पापा ने मेरेलिये वेज फ्राईड राईस लाया। जितना हो सकता था उतना मैंने वो खाया और हो सके उतना पानी पिया। फिर मुझे रात को अच्छी नींद लगी। शनिवार की सुबह सूरज उगा। वो 19 जुलाई 2008 का दिन था। उसी सुबह पंहली बार मैं मेरे सर्जन डॉ. अमीत माहोरे सर से मिला। वो मुझे देखने और मिलने के लिये आये थे। "मैं तुम्हारा ऑपरेशन करनेवाला हूँ।" ऐसा वे मुझे और मेरे पापा से बोले। और हँसते वे वॉर्ड से बाहर निकल गये। जो कुछ भी

ऑपरेशन से पहले मरीज को करते हैं, वे मुझे किया गया। मेरे सीर, बदन के बाल निकाल दिये गये। मुझे टकला किया गया। वॉर्ड के स्टाफने मेरे पापा को जो जो चिजें ऑपरेशन के दौरान लगेगी उसकी सूची बनाकर दी जैसे दवाईयाँ, सलाईन बॉटल्स आदी। रातको मुझे पापाने नहलाने के लिये मदद की। हम सब राह देख रहे थे की कब मेरा नंबर ऑपरेशन के लिये आयेगा। सारे रिश्तेदार वॉर्ड के बाहर गॅलरी में जमा थे और इंतजार कर रहे थे। कई आपातकालीन मरीजों का पहले ऑपरेशनपर मुझे पीछे रखा गया था। फिरसे पूरा दिन मैं भूखा प्यासा था और जैसे मेरा उपवास चल रहा था। ये सब देख मेरी वडालावाली कुंदा मामी को मेरी स्थितीपर दया आयी। उन्हें ना रहा और सहा ना गया और वो सीधे डॉक्टर के रूम में गयी और उनको पुछा, ''हमारे सुहास का ऑपरेशन का नंबर कब आयेगा? वो पुरा दिन भूखा प्यासा है।'' जल्दी ऑपरेशन करो। हमें उसकी बहुत ही फिक्र हो रही है। पापा को इस घटना से चिंता लगने लगी की ऐसी बात डॉक्टर्स और नर्सेस से करनी नही चाहिये थी। क्युंकी ऐसी बातों से डॉक्टर्स नाराज हो सकते थे। पर वे नाराज नही हुये थे। और एक बार मेरा ऑपरेशन आगे ढकेल गया था। इस बात पर मैं बहूत खूब हुआ क्युंकी मैं बहुत भूखा और प्यासा था। मुझे साधा खाना दिया गया। बाद में मैं सोने की कोशिश कर रहा था। पर चिंता के कारण मैं बेचैन था।''क्या होगा? सबका मै कैसे सामना करुंगा?'' मुझे मेरे दोस्त यारों की याद आ रही थी। उन्हें किसीने मेरे बारे में खबर दी है या नही? ये और ऐसे एक ना अनेक सवाल मेरे मन में आ रहे थे। उसी अवस्था में मैं सो गया। मेरे बेड के पास ही मेरे पापा, मेरी मम्मी और मौसी रातभर रहे। उसी रात डॉ. अमीत माहोरे आये और कहके गये की ''अब इसे कुछ भी खाने पीने को मत देना। कल इतवार छुट्टी होने के बावजुद डॉक्टर ने हमें तैयार रहने के लिये कहाँ था। ये बात हमें और भी चिंतीत कर गयी। अगले ही पल, मम्मी

पापा और सबको बताया की ''कल सुबह सुहास का ऑपरेशन है।'' उस समय से मेरी मम्मी पापा के जीवन में आपातकालिन परिस्थिती की शुरुआत हो गयी थी। सब ये सोच रहे थे क्या कुछ नही होगा। 20 जुलाई 2008 को सूरज उगा। वो रविवार था। पापा ने मुझे सुबह जल्दी उठाया। नहाने और टॉयलेट जाने के लिये लाइन न लगाना पडे इसलिये उन्होंने ऐसा किया। सुरेखा मौसी ने मेरे लिये गीजर का एक बालदी गरम पानी नहाने के लिये दिया। मौसी ने मेरी मम्मी को गीजर से पानी गरम कैसे करते है ये बताया। मम्मी को इसकी जानकारी नहीं थी। मैं तैयारी कर अपनी खाँटपर बैठा था। मेरे पापा, मेरी मम्मी और मेरी मौसी मुझे हिम्मत दे रहे थे। मेरे पापा ने मुझे ये कहकर चिंतामुक्त किया था की, ''ये तो एक छोटासा ऑपरेशन है।'' ऑपरेशन से पहले ही पापाने मेरे मन को और मुझे कडक, शक्तिमान और नीडर बना रखा था। इसलिये मुझे विश्वास था और मैं चिंतामुक्त था। जो कुछ हो जाये, मैं उसका सामना करूंगा। पर मेरे पापा कुछ ज्यादा ही चिंता में थे। पर उन्होंने मेरे जटीलता भरे ऑपरेशन की बात किसी से नहीं कहीं। उनका मन चिंता में था पर वे एक इन्सान से भी बात न बोले हुए चूप थे। अपने मन से मेरी मम्मी बहुत ही दृढ थी। जो भी डॉक्टर मेरे लिये करेंगे वो अच्छा ही होगा; ये उनकी भावना थी और वो कह भी रही थी । ये इसलिये था क्युंकी सिवाय डॉक्टर्स के कोई कुछ भी नही कर सकता था। कुछ भी हो जाये, सच्चाई और परिस्थिती का सामना करके डॉक्टर्स पर भरोसा रखा। बारा घंटे बिना पानी के रहने से मैं बहुत प्यासा था। पर मुझे पानी की एक बूंद तक पिना मना था। कुछ देर बाद डॉ. अमीत माहोरे वॉर्ड में आये। उनके पीछे पीछे स्ट्रेचर लेकर दो वॉर्ड बॉय भी आये। सुबह 10 बजे थे। डॉ. अमीत माहोरे सर ने मुझसे पूछा, ''सब ठीक है?''मैंने जवाब दिया ''हाँ'' उन्होंने मुझे स्ट्रेचर पर लेटने को कहाँ। मैंने उनसे कहाँ की मैं चल सकता हूँ, मैं चलकर ऑपरेशन थिएटर आऊ क्या?''

वे बोले ''फिर ठिक है, चलो!'' मैं एक एक कर सबसे मिला। सारे रिश्तेदार आये थे। मैं मेरी मम्मी से मिला। मैंने उनके पाँव छुएँ और उनसे शुभकामनाएँ और आशिर्वाद लिया। मम्मीने मेरे माथे को चुमते हुए कहाँ, ''जाओं! और वापस आओ''। मेरी दिदी से मैं गले लगा। बाहर मैं मेरे चाचा, मामा, मौसी से मिला, महेंद्र मामा का बेटा मयूर भी मौजूद था। उससे भी मैं मिला। वॉर्ड से होकर जब जा रहे थे तभी डॉ. अमित माहोरे आगे चल रहे थे और मैं उनके पीछे सबको हाथ दिखाते, अपना हाथ उठाकर मैं चल रहा था, जैसे मुझे कुछ नहीं हुआ हो। सब लोग सच में मेरे पास ही देख रहे थे। ये पल मेरे अंदर के इच्छाशक्ति और आत्मविश्वास की सर्वोच्च चोटी पर था। मेरे पिछे पिछे मयूर दवाईयों की थैलीयाँ दोनो हाथों में लेकर भागता हुआ आ रहा था। सब लोग मुझे देख रहें थे। ओ.टी. के अंदर जानेपर मुझे स्ट्रेचरपर लेटने को कहा गया। अंदर थोडी देर बाद ए.सी. की वजह से मुझे ठंड लगने लगी और मेरा शरीर कपकपा उठा। उन्होंने मुझपर कंबल डाले। मेरे चाचा रविंद्र पास ही में मौजुद थे। पापा कहाँ है?'' ऐसा मैने उनसे पूछा। ''वो नीचे दवाईयाँ लाने गये है।'' ऐसा उन्होंने कहाँ। अगले ही पल मेरे पापा आये। मेरे हाथ को चुमा और कहा, ''कुछ नहीं। छोटासा है! डॉक्टर्स उसे उडा देंगे, चिंता मत करो।'' यह कहकर उन्होंने मुझे चिंतामुक्त और आराम दे दिया। मैंने चाचा और मयूर को हाथ दिखाया और मुझे अंदर मेन ओ.टी. में लेकर गये। ओ.टी. का कक्ष मुझे बॉलीवुड फिल्मों में जो ओ.टी. दिखाते है उसके जैसे ही लग रहा था। वो सबकुछ हदतक उसके जैसा ही दिख रहा था। बेड के उपर एक बडा प्रकाश का फोकस था. एक और दिवार पर भी था। रुम चारो तरफ से वातानुकूलीत था। नर्स ने मुझे आँखें बंद कर के सोने को कहा। मैंने उन्होंने जैसे बताया वैसेही किया और सो गया। ओ.टी. के बाहर की अवस्था जब मेरा ऑपरेशन अंदर शुरु था। वह मेरे पापा, मम्मी ने मुझे बादमें बताया।

उसी वक्त मेरे मिरारोड के घरपर मेरी दादी, मेरी 3 नंबर चाची और उनकी बेटी और पड़ोसी साथ आये और अगरबत्ती और दिया जलाकर मेरी खुशहाली के लिये प्रार्थना करने लगे। बाजूमें मामी (दक्षता) के बिल्डींग में मेरे मामा के घर दिलीप मामा के बच्चे द्वितेश और दिक्षा और मेरी मामी मेरी नानी के साथ मेरे लिये प्रार्थना कर रहे थे। मेरे ऑपरेशन की जानकारी देकर सोसायटी की मिटींग स्थगीत की गयी। रविवार होने के कारण सबको छुट्टी थी और सभी अपने अपने घरपर थे । बांद्रा के स्लम में पहले हम रहते थे, वहाँ के (तेलगु) लोगोंने, पडोसीओंने मेरे लिये प्रार्थना की। माहीम में मेरे बडे मामा

ज्ञानदेव, उनके घर पर भी, उनके बच्चे मेरे लिये प्रार्थना कर रहे थे। वहाँ के भी पडोसी

(तेलगू लोग) मेरेलिये प्रार्थना कर रहे थे। डॉक्टरने पापा से किसी एकको ऑपरेशन थिएटर के खिडकी के सामने खडे रहने को कहाँ। जब अंदर से कोई इशारा करे तो कोई एक तुरंत ओ.टी.के दरवाजे पर पहुँचे। वो किसी एक को बुलाये जो गॅलरी में खडा हो और आदमी भागकर नीचे पापा को अस्पताल के मेडीकल के यहाँ मिले। तो ये होता की ओ.टी. के अंदर से हाथ दिखाने पर चाचा रविंद्र भागकर ओ.टी. के दरवाजे पर पहुँचते, वे दवाई की पर्ची डॉक्टर्स से लेकर मयूर को निचे भेजते। मयूर निचे जाकर दवाईयों की पर्ची मेडीकल पर खडे मेरे पापा को देता। तुरंत ही सारी दवाईयाँ खरीदकर पापा मयुर के हाथों वो उपर ओ.टी. में भेजते। ये समन्वय और तालमेल बहुत जरूरी था। इस सबमें मयुर बहुत भाग दौंड कर रहा था। उपर नीचे भाग रहा था। ओ.टी. और वॉर्ड के बाहर की गॅलरी में मुझे देखने परिजन आ रहे थे। जैसे जैसे उन्हे खबर मिलती, रिश्तेदार, दोस्त, पहचानवाले सब भागे दौडे आते। सभी मेरी मम्मी को विश्वास दिलाते। सारी औरते मेरी मम्मी के आजुबाजू थी। वे मेरी मम्मी को दोपहर का खाना खाने को कह रही थी। पर मम्मीने, कहा, ''ऑपरेशन खत्म होने के बाद मै खाना खाऊँगी।

वो मेरी दीदी को विश्वास और शक्ती दे रही थी। उसी वक्त मेरे दोस्त प्रथमेश, प्रशांत और निखिल मेरे मामा दिलीप से मेरे ऑपरेशन की फोनपर खबर ले रहें थे। हमारे मिरारोड के सोसायटी चेअरमन श्री. जगदाळे, ट्रेझरर श्री. महंती और सेक्रेटरी निवाते सर आये थे। पर उन्हें मुझको देखने नहीं मिला, क्योंकी, तभी मेरा ओ.टी. में ऑपरेशन जारी था। किसी रिश्तेदार को भी मुझे देखने नही मिला था। जब ऑपरेशन के लिये मरीज को वॉर्ड के बाहर लाया जाता है, तभी उसका बेड खाली किया जाता है और उसका सारा सामान भी वार्ड के बाहर ले जाने को कहा जाता है। इसलिये मेरी दिदी (समिक्षा) मेरे सामान के साथ जैसे मेरे कपड़े का बॅग और दूसरी चिजों को लेकर बाहर गॅलरी में बैठी थी। सब मेरी मम्मी को मिलने आ रहे थे। नवनिता मामी, सभी बच्चें, ममता मामी, सभी बच्चे वहाँपर मौजूद थे।

ओ.टी. के अंदर, मेरा ऑपरेशन करते समय, मुझे भूल देने के बाद मुझे व्हीलचेअरपर बिठाया गया। मेरे सीर को एक स्टँड में अटकाए उसे सीधा और बिना हिले रखा था। इसका कारण यह था की मेरा ऑपरेशन सिर के पिछले भाग में था और वो सोते या लेटे हुए स्थिती में नही कर सकते थे। क्योंकी, मेरा ऑपरेशन चिंताजनक था, जटील भरा था, इसलिये वो रविवार को लिया गया था। सुबह दस बजे मेरा ऑपरेशन शुरु हुआ और शाम को चार बजे ऑपरेशन खत्म हुआ। मयूर तुरंत नीचे गया, और मेरे पापा को बोला, ''ऑपरेशन पुरा हो गया है। फिर पापा ऑपरेशन थिएटर के पास आये और तब लोग वहाँ इकठ्ठा हुये। थोडी देर बाद मुझे आय.सी.यु. वॉर्ड में ले जाया जा रहा था और तभी मेरे चाचा रविंद्र को डॉक्टर ने बुलाया। तभी मुझे थोडा होश आया था और डॉ.अमित माहोरे सर ने उंगली दिखाते हुये पुछा, ''ये कौन है?'' मैंने जवाब दिया, ''ये मेरा चाचा है।'' आगे और एक वाक्य मैंने डॉक्टर से बोला, ''धन्यवाद डॉक्टर! ये सुनकर डॉ.अमित माहोरे सर एक

पलके लिये चौक गये और उन्हें फिर अच्छा लगा! मेरे पापा ने मेरे चाचाओं और मामाओं को मुझे स्ट्रेचर से आय.सी.यु.के बेडपर उठाकर रखने के लिये बुलाया । एक या दो पेशंटस् उस आय.सी.यू.वार्ड में थे, पर मैं उन्हें देख नही पाया। मेरी बेहोशी अब धीरे-धीरे कम हो रही थी और दर्द हो रहा था। ऑपरेशन की वजह से मुझे पीछे गर्दनपर खीचाव महसूस हो रहा था। मैं दर्द सहन नही कर पा रहा था। मैं बेचैन था। मेरे पापा, थोडे थोडे अंतराल में आकर मुझे अपने हाथों के इशारे से कहते, ''विश्वास रखो''! मुझे वो खुष रखने की कोशिश करते। मेरे रिश्तेदार मुझे बाहर से देख रहे थे। क्यूंकी अंदर आय.सी.यु. में नर्स बैठी थी। मेरे पापाने सारे रिश्तेदार दोस्तों को घर जाने के लिये कहाँ। कुछ लोग ही ठहरे थे। उस रात मेरे मम्मी, पापा, रविंद्र चाचा, मिलिंद चाचा, मयूर, सुरेखा, मौसी, मामा और कुछ रिश्तेदार के.ई.एम्. अस्पताल रुके रहे। अब रात थी और मुझे प्यास लगने शुरु हुई थी। मेरा गला सूख गया था। पर डॉक्टर्सने आगाह किया था कि मुझे पानी न दे। मैं मेरे चाचा रविंद्र को बिनती के इशारे कर रहा था। उस वक्त नर्सने मेरे चाचा को मुझे बोतल के ढक्कन से पानी देने को कहाँ। मैं बार-बार पानी माँगने लगा। नर्स को गुस्सा आया और उन्होंने मेरे चाचा को ही वॉर्ड के बाहर जाने को कहाँ। उसके बाद भी मैं पानी मांगता रहा। मुझे टालने के लिये नर्सने अपने मोबाईल फोनपर भक्ती गीत लगा दिया। वे मेरे पानी की याचना पर ध्यान नही दे रही थी। ऐसा मुझे लगा और मुझपर गुस्सा हुये थे। ऐसा भी महसूस हुआ। मैं मेरे पापा के बारे में रविंद्र चाचा से पूछताछ कर रहा था। मैं पूछ रहा था, ''मेरे पापा कहाँ है? उन्होंने सोने के लिये कंबल ली है या नहीं?'' और साथ ही पानी माँग रहा था। ये मजेदार था। मेरे मुँहपर ऑक्सीजन मास्क था और उसकी वजह से मुझे पसीना आ रहा था। थोडी थोडी देर बाद मैं वो

ऑक्सीजन मास्क निकालता। ऑपरेशन के बाद बारह घंटे अत्यंत चरम के गये। उस वक्त मेरे हाथों में कुछ नही था। एकही जगह सोकर मेरी पीठ गरम हो गयी थी। मेरी सहनशीलता की क्षमता अब खत्म हो गयी थी और जवाब दे रही थी। जब भी चाचा रविंद्र मुझे थोडा उठ बैठने की मदद करते तभी मैं अपनी पीठ को हवा और आराम दे पाता। वो मेरे गरम हुये पीठपर हलका हाथ घुमाते थे। मैं सोच रहा था की, ''कब ये बारह घंटे खत्म होंगें और कब मुझे बाहर ले जायेंगे''। इस दुविधा और बेचैनी अवस्था में कब मुझे नींद लगी, मुझेही पता नहीं। पुरी रात मुझे आय.सी.यू. वॉर्ड में रखा गया था। आय.सी.यू. के बाहर थोडी थोडी जगह और फासलेपर मेरे चाचा और मामा बैठे थे क्युंकी भीड़ देखकर डॉक्टर्स और अस्पताल के कर्मचारी डांटते थे। रविंद्र चाचा, मिलिंद चाचा और चंद्रमनी चाचा बारी-बारी थोडे अंतराल से मुझे देखने आते और जाते। मेरी मम्मी, मेरी मौसी, मयूर और चाचा चंद्रमनी वार्ड 10 के बाहर सामान बॅग लेकर बैठे थे। मेरी मम्मी पुरी रात जागी हुई थी। वो इसलिये था क्योंकी, बाजू के रुम नं.9 वार्ड में जो मृत होते, उनके शरीर को लिफ्ट तक ले जाने आने का वो एकही रास्ता था। वॉर्डबॉय मृत शरीरवाले स्ट्रेचर को दनादन भगाते हुये ले जाते। वॉर्ड नं.9 वायरल बिमारी के मरीजों का था। वो भर गया था और मरिजोंको नीचे जमीनपर भी लेटाया गया था। मेरी मम्मी उस जोरदार स्ट्रेचर की आवज से घबरा जाती। मयूर भी उस आवाज से परेशान हो रहा था। अंत में वो भी उठकर मेरी मम्मी के बाजू में बैठ गया। चंद्रमणी चाचा बाजू में थे। वो कभी ना भूलनेवाली रात थी। वो रात गयी पर, उसे कोई भूल नही सकेगा। अगली सुबह मुझे वॉर्ड नं.10 में लाया गया। आय.सी.यू. से वॉर्ड तक मुझे स्ट्रेचरपर लया था और बेडपर रखा गया। सब मुझसे मिले। रिश्तेदार रातभर रूके थे, वो सुबह अपने घर गये। मेरी मम्मी, मौसी के साथ माहीम के घर गयी। वहाँ फ्रेश होकर वो तुरंत

वापस अस्पताल आयी। उसके साथ मेरी नवनीता मामी थी। मेरी दिदी समीक्षा ग्रॅज्युएशन (टी.वाय.बी.ए.) के अंतीम साल यानी 15 वी में पढ रही थी। वो रूपारेल कॉलेज माटुंगा जाती थी। उसे पापा ने अपनी पढाई जारी रख कॉलेज जाने को कहाँ। और धैर्यशील धीट रहने और हिम्मत रखने को कहाँ। हर दिन वो मीरारोड से सफर करती और मुझे मिलने आती और कॉलेज जाती। वो बहुत चिंतीत थी। मुझे वॉर्ड में लाने के बाद कई रिश्तेदार मुझे देखने आये। दोपहर में मैंने थोडा खाना खाया। मुझे सलाईन जारी रखी गयी थी। मेरे गुरू और मेरे कराटे मास्टर प्रवीण शुक्ला सर मुझे देखने आये। हमारे सोसायटी के बिल्डींग नं.1 के पवार और बिल्डींग नं. 3 के कांबले भी मुझे देखने के लिये आये थे। मेरे दोस्त प्रशांत घोरपडे की बडी बहन बॉबीताई मुझे देखने आयी थी। मुझसे मिलने माहीम के प्रकाश मामा और भोसले आई आये। बुआ प्रियंका, उसके बच्चे प्रेरणा और स्थवीर, दो नंबर चाची, संघर्ष और भारत ने मुझे फुल लाये थे। थोडी देर मैं उनसे बातचीत कर नर्स डाँटने से पहले ही मेरी मम्मी सभी को बाहर ले गयी। जो मुझे अस्पातल में देखने आता, मेरी स्थिती को देख उसे झटका लगता। क्योंकी ऐसी स्थिती का अनुभव किसीको नही आया था और ये हम भी पहली बार सब अनुभव कर रहे थे। जो मेरे संग हुआ वो बेशक किसी और के साथ हमारी पहेचान में नहीं हुआ था। ब्रेन ऑपरेशन और उसके बात की स्थिती का किसी को कोई अनुभव नही था। शाम के वक्त में मरीज से रिश्तेदार मिल सकते थे और अभी लोग अपने-अपने मरीजों से मिलने आये थे। समय खत्म होनेको आते ही सिक्युरिटी गार्ड जोर-जोर से सिटी बजाते हुये आते और सबको आगाह और सूचीत करते है की वॉर्ड खाली करे। सभी चले जाने पर साफसफाई का वक्त होता। पुरा वार्ड गीले जंतुनाशक के पोछेसे साफ किया जाता। उस वक्त मरीज के साथ उसका सिर्फ एक रिश्तेदारही मौजूद होता। यह नियम है। समय खत्म होनेपर जो लोग

आते, उन्हें उनके मरीज को देखने नही दिया जाता था। ठिक रात 7 बजे वॉर्ड में खाना आता था। सिक्युरिटी गार्ड चले जानेपर जो दूर फैले हुये रिश्तेदार होते, वे वॉर्ड में आते थे। अस्पताल दोपहर और रात के खाने का इंतजाम करता है। सुबह दूध और बिस्कीट, ब्रेड स्लाईस नाश्ते में देते हैं। शाम को मुझे जोरों से भूख लगी थी। दो दिन से मैंने कुछ नही खाया था इसलिये मैंने अस्पताल का खाना खाया। वो खाना उबला हुआ, सादा, स्वाद नहीं, बिना नमक और बिना तिखा था। फिर भी मैंने वो खाना खाया। फिर मैं सो गया। अचानक रात में मेरी नींद खुली। मेरे दोनों चाचा रविंद्र और मिलींद मेरे पास मौजूद थे। मैंने उनसे कहाँ, ''मुझे भूख लगी है।'' एकने नर्स से पूछा की, ''इसे खाने के लिये सेब दे सकते है क्या? वो बोली की, ''ठीक है।'' पर एक समस्या थी। वहाँ सेब काटने के लिये छुरी नही थी। रात 12 बजे को मैंने तय किया सेब को मैं सीधे मूँह सेही खाऊँगा। जब मैंने अपने दाँतों से सेब को कांटा, मेरी सीर के पीछे टांको में दर्द हुआ। अचानक दर्द की अनुभूतियाँ मुझे हुयी। ऑपरेशन की जगहपर थोडासा दबाव आया था। फिर भी भूंख की वजह से मैंने पुरा सेब चबाचबाकर खाया। सेब को मूँह से काट खाना थोडा दर्ददायक तो था। मैं सोया था और अचानक मुझे मेरा पसंदीदा गाना याद आया। ''ना झटको झूल्फ से पानी'' मेरे पसंदीदा गायक मोहम्मद रफी साहबने इसे गाया था। सुबह इस बारे में मैने पापा मम्मी को बताया तो वो दोनों हैरान हो गये। मुझे नहलाने के बजाय मेरी मम्मीने मेरा शरीर गीले कपडे से पोछ डाला। कुछ समय बाद मेडीकल चिकीत्सा के विद्यार्थी और कुछ नर्सेस जो **इंटर्नशिप** मे थी वे आ गयी। सभी तकरीबन मेरे ही उम्र की होंगी। जो भी मुझे देखने आते, उनसे मैं अंग्रेजी भाषा में बात करता। बादमें मेरे पापा और चाचा रविंद्रने मुझे फिजीओथेरेपी (भौतिक चिकीत्सा) वाले रुम में लेकर गये। वहाँ डॉक्टर्सने मुझसे थोडी कवायते करके ली और भौतीक गतिविधियाँ

(फिजिकल ॲक्टीविटीज) करके ली। सुबह की नर्सेस युवा, सुंदर और गोरी थी। मरीजों के प्रती उनका अच्छा बर्ताव था। वे मरिजों को उनकी बिमारी की शंकाएँ और उनपर दवाईयों के बारे में समझा रही थी। कोई नर्सेस अनुभवी और वरिष्ठ

थी। वे बहुत सख्त और अनुशासित थी। हर मरीज पर वे बारकाई से ध्यान रखती थी। वे मरीजों को दवाई, गोलीयाँ देती, उन्हें इन्जेक्शन्स देती और उनका रक्त दाब भी देखती। एक-एक कर वे ये काम बारी-बारी से करती थी। मैं इन सब चीजों का अनुभव ले रहा था। मुझे बताया गया की तीन दिन के बाद मुझे डिस्चार्ज (घर) भेज दिया जायेगा। ''तुम घर जा सकते हो'' ऐसे डॉक्टर्स कहते पर मुम्बई में वे बारीश के दिन शुरु थे और हम अस्पताल से दूर रहते थे। तो हमने डॉ. अमीत माहोरे सर से कुछ और दिन मुझे अस्पताल में रखने की मोहलत मांगी। फिर पाँच दिनो बाद मैं घर जाने को तैयार था। मेरे पापाने मेरे लिये सारी तैयारियाँ की हुई थी। मेरी मम्मी के चचेरे भाई की एम्बुलेन्स के.ई.एम्. अस्पतालमें थी। उनका नाम सचिन पवार है (मुर्तवडेकर) वो मुझे मीरा रोड के घर ले जाने के लिये तैयार हुये। दिलीप मामा, राहूल मामा, महेंद्र मामा, मेरी मम्मी, मेरे पापा सब मेरे साथ थे। वे बारीश के दिन थे और महामार्ग पर गड्ढे थे। इसलिये एम्ब्युलन्स को धीरे-धीरे लाया जा रहा था। बीच में हलकी बुंदा-बुंदी हो रही थी और सडकों की समस्या तो थी ही। मैं एम्ब्युलन्स के अंदर बेडपर लेटेही था और मेरे ऑपरेशन की जगहपर बँडेज था। धोका टालने के लिये मुझे अपने एक बाजु पर लेटाया गया था। मुझे सब सुनाई दे रहा था। बारीश की बुंदों का आवाज, ट्रॅफिक और गाडीयों का आवाज, उनकी हॉर्न की आवाजे। जब ॲम्ब्युलन्स मुख्य महामार्ग पर पहुंची तब उसने तेजी पकडी। शाम का वक्त होने की वजह से रास्ता खुला था और मिरारोड की तरफ आगे बढ रही थी। हायवे से अंदर हाटकेश में जब ॲम्ब्युलन्स आयी तो खराब सडकों की

वजह से धीरे-धीरे, संभलकर आते हुये हमारी बिल्डींग तक पहुँचते आधा घंटा लगा। बिल्डींग के पास ॲम्ब्युलन्स रूकी। मुझे स्ट्रेचरपर से धीरे से उठाया गया। मेरे पापा को सहारा लेकर मैं उठा। ॲम्ब्युलन्स से मुझे नीचे उतारा गया। पापा और दिवार को पकड मैं आराम से सिढियाँ चढकर उपर आया और अपने घर के दरवाजे के सामने आया। आखिरकार मुझे सहीसलामत घर लाया गया था। सचिन पवार जो ॲम्ब्युलन्स चला रहे थे, उन्हें जल्दी वापस जाना था। वो और राहुल मामा ने खाना खाया। मेरी दिदी समिक्षा ने पुरे घर की सफाई की थी और सारी तैयारी की थी। उस दिन गीता चाचीने मेरी दिदी को खाना बनाने में मदद की थी। दोपहर के खाने के बाद हमारे पडोसी मुझे देखने आये। ''सब आप लोगों का आशीर्वाद है!'' ऐसा मैं उनसे कह रहा था। उस रात 7 बजे ही मुझे खाना परोसा गया, अस्पताल के समयपर। उनके नियम पालन करना जरूरी था। हम सब थक गये थे। हमने आराम किया। खुशीभरा माहोल था। मैं भी आनंदी और खूष था। अगले दिन मेरे चाचाचाची मिलिंद, गीता अपने घर बाजू के बिल्डींग में वापस रहने गये। हमारे टी.वी. में केबल नही था। और ''एक चॅनल और चंदही कार्यक्रम देखकर मैं कंटाल जाऊँगा'', ये कहकर मैंने हमारे टी.वी. संच को केबल कनेक्शन लगवा के लिया। मेरी दिदी (समिक्षा) अपने कॉलेज जाती थी। मेरे पापा अपने स्कूल पढाने जाने लगे। घर बैठे बैठे मैं ऊब जाता। रोज सुबह मेरे दिलीप मामा मेरे घर आते। मैं उनसे मेरी नानी की तबीयत के बारे में पूछता। मम्मी शाम के वक्त मेरी नानी के पास जाती, तब मेरी नानी भी मेरी तबीयत पूछती। ऑपरेशन के 10 दिनों बाद टाँके निकालने के लिये हमें के.ई.एम्. अस्पताल बुलाया गया था। दुसरा माला, 10 नंबर वॉर्ड, न्यूरोसर्जरी वॉर्ड में हम आये। मुझे डॉक्टर्स और नर्सेस बैठते, उस टेबल के पास बुलाया। मुझे बैठने को कहाँ गया। मेरे सीर के पीछे के टाँको को एक-एक कर वे निकालते गये। कैंची

जैसा अवजार था, जिससे वो टाँके निकाले है। फिर उन्होंने हमें वॉर्ड के बाहर रूकने के लिये कहाँ। टाँकों की जगहपर से खून आने लगा तो डॉक्टर्स ने कहाँ की, ''उसे अच्छे से पोंछ ले और बँडेज कर ले।'' घर पर अच्छे से डेटॉल से सर को और ऑपरेशन की जगह को साफ करें'' मेरे डॉ. अमित माहोरे सर से मिलकर हम टॅक्सी से वापस मिरा रोड घर पहूँचे। मेरे पापाने डॉ. अमीत माहोरे सर के सभी निर्देशों को याद रखकर उसे ठिक तरीके से सबको अंमल में लाने के लिये कहाँ। मैं भी वो कोशिश कर रहा था और मेरे पापाने मुझे भी वो बाते याद रखने के लिये कहाँ। मेरी मम्मीने सख्ती से उन निर्देशोंका मेरे लिये पालन किया। पापा मुझे नहलाते थे, मुझे साफ कराते और ऑपरेशन की जगहपर वे ठिक से ध्यान देकर सफाई करते। डॉक्टर्स के बताये निर्देशों के अनुसार पापा 2 से 3 बार टाँको की जगहपर डेटॉल साबून लगाया करते और वो जगह साफ करते। 10 दिनों के बाद मेरा साधारण नहाना शुरु हुआ। नहाने के बाद मैं अस्पताल के वख्त पर खाना खाता। उस शाम को भी मैंने वख्त पर खाना खाया । मेरी दिनचर्या शुरु हो गयी। सुबह उठकर, प्रात:की धूपमें, अच्छे वातावरण और ताजी हवा में टहलने दिलीप मामा के साथ जाया करता और हमारे कॉलनी के बगीचे में बैठता था। मैं खाना समयपर खाता और दवाईयाँ भी उसी दौरान लेता था। ये सब चल रहा था। मेरे दोस्त फोनद्वारा मेरी तबीयत के बारे में पूँछताछ करते थे। कई रिश्तेदार मेरा हालचाल जानने के लिये फोन करते थे। के.ई.एम्. अस्पताल से मेरी बिमारी की गाँठ और उसके टिश्यूओंको जाँचने के लिये टाटा मेमोरियल अस्पताल, परेल में भेजा गया। आज हमें ट्यूमर की जाँच रिपोर्ट मिलनेवाली थी। तो मैं, मेरे पापा और दिलीप मामा टाटा अस्पताल, परेल पहुँचे। बांद्रा से मेरे चाचा रविंद्र भी आये थे। डॉ. तेजपाल गुप्ता सर ने मेरे पापा को बुलाया और मेरे सामनेही कहाँ की, सुहास की निकाली हुई गांठ की जाँच हो गयी है। चिंता की कोई बात

नहीं है, ''उसकी गाँठ कॅन्सरवाली नहीं है। वो साधी गाँठ है।'' मेरे पापा चिंता से मुक्त हो गये। वे खुष हो गये। फिर वो रेडीएशन और ऑन्कॉलॉजी के प्रमुख डॉ. राकेश जलाली सर से मिले। उन्होंने मेरे पापा को रेडीएशन का महत्व, उसकी जानकारी और उसके प्रकारों की जानकारी दी। उन्होंने कहाँ, ''हम सुहास को दो तरह के रेडीएशन दे सकते हैं।'' ''पहला सामान्य रेडीएशन पुरे 100%'', दुसरा 50% सामान्य रेडीएशन और 50% SCRT का नया रेडाऐशन''। मेरे पापाने डॉ. राकेश जलाली सर से दुसरेवाले रेडीएशन के बारेमें पूछा। हम अनुसंधान, शोधप्रक्रिया कर रहे है। 200 बच्चों को इस प्रकार का रेडीएशन देकर आगे आनेवाले मरीजों को अच्छा और बेहतर ट्रिटमेन्ट दे सकेंगे।'' फिर पापा ने डॉ. राकेश जलाली सर से कहाँ, ''आप को जो अच्छा, फायदेमंद लगे, सुहास की अच्छी तबीयत के लिये जो ठीक लगे वो ही आप दे। डॉ. राकेश जलाली सरने मेरे पापा को एक फॉर्म भरने के लिये दिया। उसमें मेरी जानकारी भरनी थी। मुझे उन 200 मरिजोंमें से 124 नम्बर मिला। मुझे SCRT प्रकार का नया रेडीएशन देने का नक्की किया। मेरे टाटा अस्पताल का फाईल नं. CD-16836 था। मेरी फाईल तैयार हो गयी। उसके बाद उन्होंने मुझे टाटा में MRI स्कॅन निकालने के लिये अपॉइन्टमेन्ट दी। फिर हम वापस मिरारोड घर जाने के लिये निकले। रास्ते में पापाने बांद्रा से टॅक्सी लेते हुये रामनाथ बेकरी से मेरे लिये (मिठाई) कंदी पेडा और स्वीट्स लिया। जानबुझकर उन्होंने ज्यादाही ली थी। मेरे पापा थोडे से चिंतामुक्त हो गये थे, क्योंकी मेरा ट्यूमर सादा (बिनाइन) या और कॅन्सर (मॅलीग्नंट) वाला नही था। वो कैन्सर से मुक्त था। पापाने घरपर सबको आकर यह खुष खबर दी और मिठाई बाँटी। फिर हमनें मेरे रेडीएशन के बारे में घरपर चर्चा की। हररोज मिरारोड से परेल टाटा अस्पताल टॅक्सी से आना-जाना मेरेलिये दर्ददायक था और खर्चा बहुत था। और लोकल ट्रेन से मुझे सफर करना

मुश्कील था। तो हमने अंत में माहीम में रहने का फैसला किया। वहाँ मेरे ज्ञानदेव मामा, नवनीता मामी, सुरेखा मौसी, दिपाली, नम्रता, और नितेश रहते थे। मेरे MRI की तारीख आयी। सूरज उगा। और सुबह हम टॅक्सी से टाटा अस्पताल पहुँचे साथ में मेरे रविंद्र चाचा थे। हमारे साथ हमने कपडों की बॅग लायी थी। मेरे पापाने मुझे एक जगहपर बिठाया और मेरी फाईल और मेरे MRI स्कॅन देने डॉक्टर के पास गये। मेरा नाम पुकारा गया। मुझे एम.आर.आय. रुम के अंदर लिया गया। मेरा एम.आर.आय. हुआ। बाद में के.ई.एम. और टाटा अस्पताल के डॉक्टर्स के बीच मुझे कितने दिनों का रेडीएशन देना है इसपर चर्चा, मिटींग हुई।और मुझे 30 दिनों का रेडीएशन देना तय हुआ। मेरे पापा को इसके बारे में सूचीत किया गया। रेडीएशन शुरु करने से पहले उन्होंने मेरे सिर और चेहरे का आकार लिया था। तभी हमें मालूम पडा था की एक सफेद प्लास्टिक की हेल्मेट जैसी जाली बनाई गयी थी, ताकी मेरी आँखें, और पुरा चेहेरा उन खतरनाक अनुकिरणों से सुरक्षीत रहे। जहाँपर जरूरी है, वहाँ ही वो अनुकिरणे देना जरूरी था और वो भी विशेष तीव्रता, पॅटर्न और मात्रा में सिर्फ। इसलिये ऐसा था ताकी उस ट्यूमर को जला दे और वो फीर बढे ना। उसकी बढत को ही खत्म करना था। वो ऐसा ही जैसे अगर झाड़ की डाल को काटा तो उसपर फीर से धुमारे पत्ते उगते है या डाल बढती है, पर अगर उस काटे हुये हिस्से को जला दे तो वहाँ की डालों की बढत ही खत्म होती है। मेरा रेडीएशन जारी था और मुझे उसके दुष्प्रभाव का सामना करना पडा। रेडीएशन शारिरीक तौरपर हमें हानी पहुँचाता है। रेडीएशन खत्म होने तक मेरी आँखें लाल रहती थी। कुछ एक अलग प्रकार की गंध मै मेरे गले में महसूस करता। मेरे शरीर के अंदर जलने का एहसास होता था। मेरा माथा ज्यादा तपा हुआ और गरम हुआ रहता। नौशीया (उल्टी आने की भावना) होती। मैं थकान महसूस करता और मेरा शरीर थका हुआ

रहता। मेरे सिर के पीछे के बाल झड़ गये थे जहाँपर से ब्रेन में रेडीएशन दिया जा रहा था । मेरी भूख मर गयी थी। मेरा शरीर अंदर से गरम रहता और मुझे गरमी महसूस होती। मुझे हर वक्त जलने की बूँ सी आती। मेरी चमडीपर अॅलर्जी भी आती थी। ऐसे बहुत दुष्प्रभाव और दुष्परिणाम होते है। ये सभी दुष्परिणाम हमारे लिये अनपेक्षित थे। हमने कभी भी इनके बारे में सोचा नहीं था। मुझे रेडीएशन की तारीख और समय दिया गया था। मेरा रेडिएशन 18-09-2008 और वक्त दोपहर 2:30 का था। मुझे रेडीएशन टोकन नंबर दिया गया था। 4259 ये वो था। वो मेरा पहला रेडीएशन का दिन था। हम जल्दी टाटा अस्पताल पहुँचे थे। रेडीएशन ग्राऊँड फ्लोअर के नीचे, याने बेसमेन्ट वाले (-1) में था। मेरे पापा वहाँ सभी डॉक्टर्स से मिले। डॉ. राकेश जलाली, डॉ. शशीकांत चंदनशीवे वहाँ मौजूद थे। वहाँपर रेडीएशन की मशीन चलानेवाले लोग भी थे। मेरी मम्मी और मैं ग्राऊंड फ्लोअरपर वेटींग रुम में रुके हुये थे। उस वक्त पापाने हमें वहाँ से नीचे बेसमेंट में लेकर आये। मेरा नंबर आया और मुझे रेडीएशन के रूम में लाया गया। वहाँपर एक लेटने के लिये बेड था। उस रुम में एक टी.वी. भी था जिसपर शेअर मार्केट का चॅनल चालू था। पर उसका आवाज बंद था। मुझे पेशाब करके आने को कहाँ गया। मुझे मेरे चप्पल निकालने को कहाँ गया। मैं मन से शांत

था। फिर उस बेडपर मुझे सुलाया गया। मेरे चेहरे, को पहले मेरे चेहरे के आकार की प्लास्टीक की जाली से ढँका गया था। वो दबाकर लगाई हुई जाली से मेरा नाक, मूँह और पुरा चेहरा दब गया था। उसपर एक काँच की पेटी से मेरे सीर को सुरक्षा कवच की तरह

(बॉक्स आकार) ढँका गया। उस जाली के दबाव से मुझे सास लेने में दिक्कत हो रही थी। यह मैं सब सहन कर रहा था। मैं उनसे कह रहा था की, ''मेरे मुँह पर की जाली हटाओं'' पर वो कह रहे थे की आज

पहला दिन है और टार्गेट सेट करना है, मशीन सेट करनी है और इसलिये आज ज्यादा वक्त हो रहा है।'' सब सेट होनेपर रुम की लाईट्स बंद कर दी गयी। पुरा अंधेरा था। मैं एक अकेला ही उस रूम में था। मेरे पापा बाहर थे। मशीन चलानेवाले टेक्नीशीयन रुम के बाहर से ही मशीन का नियंत्रण कर रहे थे। बराबर एक जगह पर रेडीएशन दिया गया। मैं थकान महसूस कर रहा था और मेरी आँखों से पानी भी आ रहा था। पर मैंने अपना मन बना लिया था कि हरएक रूकावट को पार करके मैं इस

परिस्थिती से बाहर निकलुंगा। मुझे आगे हर दिन रेडीएशन देना तय हुआ। मेरा पहला रेडीएशन पुरा हो गया। तभी मुझे उल्टी हो गयी। सारा पानी था पर उसका रंग पिला था। और उन्होंने कहा की ''30 दिनों का रेडीएशन दिया जायेगा। हमने तय किया था वैसे हम माहीम रहने गये। पर हमें वहाँ के हालात में अपने आपको ढालने के लिये कुछ वक्त लगा। माहीम का घर छोटा था, इसलिये मेरी नानी को दिलीप मामा के पास मिरारोड में रखा गया ताकी हमें रहने के लिये जगह हो सके। कभी दिदी (समिक्षा) माहीम रहने आती। इसलिये नानी को घरमें घूमने कम जगह मिलती। माहीम का घर चाली में हैं और शौचालय बाहर है। हम इस समस्या का भी सामना कर रहे थे। मेरे पापा का स्कूल खार में है और वे सुबह उठकर तैयार होकर स्कूल जाते और दोपहर घर आते। खाना खाकर हम टाटा अस्पताल जाते। रेडीएशन के समय चाचा रविंद्र बांद्रा से आते थे। मैं उनको फोन कर बुलाया करता था। कई प्रकार के मरीज वेटींग कक्ष में बैठे रहते। उनके शरीरपर रेडीएशन की वजह से कई निशान थे। उनकी चमडी काली हुई थी। बाल झड़ने की वजह से कई मरीज सीर को कपडा लपेटकर आते थे। उन सभीको देख हमारा दिल बैठ जाता, किसीके नाक में नली थी तो किसी के मूँह में। मैंने तय किया की लढकर इसका सामना करके जीतके इस अवस्था से सुरक्षित बाहर

आऊंगा। कई लोगोंने अपने अनुभव बताएँ। रेडीएशन के वक्त कौन कौनसी चीजें खानी है, पीनी है, और क्या क्या टालना है। डॉक्टर्स ने भी हमें इसपर मार्गदर्शन किया। बच्चों से लेकर बुजूर्ग लोगों तक, औरतों से लेकर मर्दोंतक, गरीबों से लेकर अमीरों तक हर प्रकार के कॅन्सर के पेशंटस् वहाँ 'रेडीएशन और केमोथेरेपी' उपचार लेनेके लिये आते थे। हम सभी का निरीक्षण करते थे। रेडीएशन खत्म होने तक मेरी मम्मी, मेरे पापा और मेरे चाचा रविंद्र हरदिन, मेरे साथ रहते थे । मुझे किस प्रकार से रेडीएशन देते है ये देखने एक बार मेरी दिदी (समिक्षा) आयी थी। दुसरी बार मयूर आया, उसके बाद दिपाली आयी थी और एक बार नवनीता मामी आयी थी। रेडीएशन देते वक्त डॉ. राकेश जलाली सर को पता चला की मेरे ब्रेन में) ट्यूमर के पास हायड्रोसेफॅलस (पानी) है। ये बात उन्होंने मेरे पापा को बतायी। फिर मेरे पापाने उनसे पुछा, ''रेडीएशन ठिक से सफल होगा ना?'' डॉ. राकेश जलाली सर बोले, ''हाँ! पर उसके अंदर शंट डालना पडेगा''। तभी हमें पता नही था शंट क्या होता है? उन्होंने सीर्फ पापा को ही बताया था। एक पतली नली सिर के अंदरसे पीछे से पेट तक जाती है। जो पानी सिर में जमा होता है वो उस नली से निकल कर पेट से होते हुये पेशाब के मार्ग तक जाता है। इसे शंट कहते है। मेरा रेडीएशन शुरु था और मुझे उसके दुष्प्रभाव का सामना करना पड रहा था। मेरी आँखें हर वक्त लाल रहती थी। मुझे वायर जलने की गंध आती रहती थी। मुझे अंदर शरीर गरम, तपा हुआ महसूस होता था। मेरे चमडीपर रिएक्शन जैसा होकर वो फट सी गयी थी। मैंने डॉ. नेहल से पुछा की, ''मैं आईस्क्रीम खा सकता हूँ क्या?'' तो उन्होंने कहाँ की ''हाँ''। मुझे थोडी बहुत थंडक महसूस होती थी। मैं दीन मे 4 से 5 नारीयल पानी पिता। वो दिन कितने अलग थे, एकदम अलग। मेरा रेडीएशन पुरा हो गया। मेरे रेडीएशन के बाद का MRI निकाला गया। वो देखकर डॉ. राकेश जलाली सरने पापा से कहाँ की,

''रेडीएशन सफलतापूर्वक हुआ है।'' अब मैं मिरारोड अपने घर जाने के लिये तैयार था। ज्ञानदेव मामा, नवनिता मामी, सुरेखा मौसी, दिपाली, नम्रता, नितेश और माहीम के हरएक ने मेरी वजह से बहुत कुछ सहा था। मेरे लिए बहुत किया था। एक प्रकार की सभी की परीक्षा थी। फिर थोडी परेशानी मीरारोड में रहने के लिये और वातावरण में ढलने के लिये हुई। के.ई.एम. और टाटा अस्पताल टॅक्सी से आना जाना फॉलोअप के लिये मुझे मुश्किल होता। सुबह के वक्त दिलीप मामा हररोज मुझे चलाने नीचे कॉलनी में लेकर चलाते। जैसे जैसे दिन जा रहे थे, मुझे चलना,खडा रहाना कठीन बनता जा रहा था। मुझे अपना संतुलन बनाने में दिक्कत आने लगी थी। मेरा चलना भी अब दिन ब दिन मुश्किल बन एक समस्या हो रही थी। चार कदम चलता और बैठ जाता। चलना कम और बैठना ज्यादा होता था। थकावट होती थी। मेरी

इस हालत को देखकर मेरे दिलीप मामा चिंतीत हो गये। वो मेरी मम्मी से कहते, ''वो चलता ही नही, थोडा चलता और थक जाता है, बैठही जाता है, ये क्या हो रहा है?'' ये मेरे साथ क्या हो रहा है, इसका कोई इलाज हमें नजर नहीं आ रहा था। मेरा अपनी पेशाब पर से नियंत्रण भी अब कम हो गया था। मुझे पेशाब को रोके रखने को भी दिक्कत आने लगी थी। जब मुझे पेशाब जाना पडता तो मैं टॉयलेट पहुँचते, पहुँचते, उसके पहले ही मुझे पॅन्ट में ही वो हो जाती और मेरी पॅन्ट गिली और खराब हो जाती। रात में तो मेरा बिछाना, चादर, और कपड़े सब खराब और गीले हो जाते थे। मेरी मम्मी और मेरे पापा को वो सारे साफ करने पडते थे और पापाही मुझे नहलाते साफ करते। इस सब परेशानीओं के कारण हमारी रातों की नींद हराम होती थी। हम सबको क्या चल रहा है, क्या हो रहा है, पता नही चल पा रहा था और हम सभी चिंतीत थे। हम फॉलोअप के लिये टाटा अस्पताल गये। वहाँ हमनें डॉ. राकेश जलाली सर से बातें बतायी, तो वो बोले की के.ई.एम.के न्यूरोसर्जन डॉ.

दत्तात्रेय मजुमदार से मिलो। हम सब उनसे मिले, तो उन्होंने मुझे चलकर दिखाने के कहाँ। वो देखकर वो बोले की, ''ठीक है'' और कुछ दवाईयाँ खाने को कहाँ। घर आकर वो ही समस्या शुरु थी। किसीको कुछ भी पता नही चल रहा था की आखिर क्या हो रहा है। और एकबार मेरे मम्मी पापा और दिदीने निर्णय किया की मुझे टाटा अस्पताल लेकर जाएँ। सुबह ट्रॅफीक की समस्या की वजह से हम दुसरी सुबह जल्दी घर से निकले। हमें कम ट्रॅफीक मिला और हम परेल जल्दी, वक्त से पहले पहुँचे थे। तो तीनों ने निर्णय किया और मुझे के.ई.एम. अस्पताल की ओ.पी.डी. में दिखाया जाय। इत्तफाक से मेरे ही सर्जन डॉ. अमीत माहोरे सर ओ.पी.डी. में थे। उन्होंने मुझे देखा। मुझे जाँचा। मुझे चलकर दिखाने को कहाँ। मैंने उनसे कहाँ की मुझे थोडासा चलने से भी थकावट होती है। वो बोले की, ''आगे देखेंगे क्या कर सकते हैं।'' और हम बस निकलनेवाले ही थे की उसी वक्त मम्मीने डॉक्टर को एक बात बताई जो उन्हे याद आयी थी। वो बोली, ''इसका पेशाबपर नियंत्रण नहीं है।'' ये बात सुनते ही डॉ. अमीत माहोरे सरने मेरा सी.टी. स्कॅन निकालने के लिये कहाँ और चिट्ठी लिखकर दी। हमे वो सी.टी.स्कॅन करके फिर मिलने को कहाँ। हमने पहले नाश्ता किया और उसके बाद मेरा पासही में सी.टी.स्कॅन हुआ। हम स्कॅन और रिपोर्ट के साथ के.ई.एम.के दूसरे माले पर वॉर्ड नं.10 के बाहर राह देखते खडे रहे। डॉ.अमीत माहोरे सर आये, मेरा सी.टी. स्कॅन देखा और नर्स को मुझे तुरंत दाखिल कर लेने को कहाँ। इस बार पापाने ये खबर परिवार में ही सिमीत रखने का निर्णय लिया। मेरे महेंद्र मामा जो भाईंदर में रहते है, उनके मित्र ''बाबाजी पवार के.ई.एम्. अस्पताल में काम कर रहे थे। उनके माध्यम से हमें वार्ड के अंदर ही एक स्पेशल रुम मिला था। उसमें मुझे दाखिल किया गया। अलग रुम मिलने पर मैं काफी खूष था। पर ये बात ही आगे जाके गडबड कर गयी। मुझे ''दहीवडा'' खाने का मन हुआ। पहली बात खाने के

दौरान बहुत ठंडी चीज है, और दुसरी बात ये थी के एक वडा की बजाय मैंने दोनों वडा और सारा दही खाया। और अचानक मुझे मिर्गी आयी। दो से तीन मिनिट मैं बेहोश हुआ था। मुझे कुच मालुम नही पड़ा, क्या हुआ। पर जब मुझे होश आया, तभी मैंने देखा की सब भागदौड चालू थी। डॉक्टर्स भाग रहे थे और पापा मम्मी चिल्ला रहे थे, और वॉर्ड में वातावरण चिंतीत हो गया था। तुरंत मुझे मेल वॉर्ड में नर्स के टेबल के बगल में ही लाया गया। ताकी वो मुझपर कड़ी से कड़ी नजर रखे। मेरे ज्ञानदेव मामा उन्होंने मेरेलिये चायनीझ भेल खाने के लिये लायी थी। पर वो मैं खा नहीं सका। ऐसी नाजुक स्थिती होनेके बाद सभी दक्ष हो गये। डॉक्टर्सने ऑपरेशन जल्दी करने का फैसला लिया। इस बार बजाय चलके, मैं स्ट्रेचर पर लेटे हुये ऑपरेशन थिएटर गया। उसके पहले रात को जब मेरे रिश्तेदार घर गये और सिर्फ मैं, मम्मी, पप्पा ही मेरे साथ थे, तभी डॉक्टर्सने मेरा एक्स-रे निकलवाने के लिये कहाँ। मेरी इतनी भी स्थिती नहीं थी की मैं चल सकता था। तो पापाने जाकर मेरे लिये व्हील चेअर लायी। मम्मी पापाने मुझे उसपर बिठाया और मुझे लिफ्ट से पहले मालेपर एक्स-रे डिपार्टमेंट ले गये। एक्स-रे होने के बाद मुझे एम.आर.आय. निकालने के लिये बाजू में ले गए। वहाँपर एम.आर.आय. हुआ। हमने बहुत सहा था। मेरे मम्मी पापा बहुत थक गये थे।

मेरा पुनर्जन्म 40

मेरे ऑपरेशन की सुबह मुझे ओ.टी. में लिया गया। डॉ. अमीत माहोरे सरने कुछ दवाईयाँ लिखकर, लाने को कहाँ था। मेरे चाचा रविंद्र उसे लाने नीचे मेडीकल गये थे। पर डॉ. अमीत माहोरे सर ने जो शंट ट्यूब लाने के लिये बोले थे वह नही मिल रही थी। चाचा रविंद्र से फोनपर संपर्क भी नही हो पा रहा था। ऐसे वैसे भाग दौडकर रविंद्र चाचाने शंट ट्यूब लाकर दी। दिल मुँह में आ गया हो, ऐसै स्थिती हुयी थी। मेरा

ऑपरेशन खत्म हो गया था। तीन घंटो में मुझे सीधे 10 नम्बर वॉर्ड लाया गया। मैं पूरी तरह सूज गया था। मेरे शरीर में हवा गयी थी और ठंड से मैं कपकपा रहा था। 5-6 चादरें मुझे ढकने के लिये डाले गये। मैं अंतराल मानव की तरफ चादरों से फुग गया था और मेरा सिर्फ चेरहा खुला था। मैं बेडपर ही था। डॉक्टर्स राऊंडपर आते, मुझे देखकर चले जाते। मैंने उनके बोलनेपर ध्यान दिया। एक डॉक्टर ने कहा, ''शंट डाला है, तो अब ठिक हैं। ये सुनकर मैं बेचैन हो गया था। कोई बाहर की चीज मेरे अंदर डाली गयी थी। धीरे धीरे मुझे मालूम पडा और मुझे सब समझ में आया। साधी भाषा में एक नली मेरे सिरमे से मेरे शरीर में डाली गयी थी। डॉ. अमीत माहोरे सर ऑपरेशन थिएटर से बाहर आये। उन्होंने मेरे मम्मी पापा से पूछा, ''इसकी गर्दन है की क्या है? इसके ऑपरेशन के वक्त मेरा शंट पासर टूट गया!'' तो मेरे मम्मी पापा ने कहाँ, ''कराटे की प्रॅक्टीस की वजह से उसकी गर्दन इतनी मजबूत है।'' वो पुरा दिन मैंने सोकर गुजारा और आराम किया। उसके दुसरे दिन नमिता (हमारे पास के रिश्ते में) वरलीवाली की शादी थी। पापाने मेरी दिदी समिक्षा को दिपाली और नम्रता को वहाँ जाने के लिये कहाँ। 13-12-2008 की रात दर्ददायक गुजरी। 1412-2008 की सुबह मैं जगा। मेरे पापा नाश्ता लाने नीचे गये थे। मेरी मम्मी भी मुझे मेरे आसपास नहीं दिखाई दे रही थी। तो मैंने एक नर्स से पूछा की, ''मेरी मम्मी किधर है?''

वो बोली की, ''थोडी देर में आ रही है।'' मैं वैसे ही लेटा रहा और पापा मम्मी दोनों आ गये। कल की तुलना में आज मेरे शरीर की सूजन कम हुई थी। पर कल से ही मुझे शरीर की सूजन कम हुई थी। पर कम से ही मुझे सब कुछ पीला पीला दिखाई दे रहा था। सब लोग, सारा वॉर्ड पिला दिखाई दे रहा था। ये बात मैंने मेरे मम्मी पापा को भी बताई। बाद में मुझे इसका जवाब मिला। सुबह चाय और 2 ब्रेड के स्लाईस खाने पर

मैं फिरसे लेटा और सो गया। कोई डॉक्टर राऊंड लेने नही आये थे। तब तकरीबन सुबह के 11 बजे थे, और अस्पतालका खाना आ गया। वो खाना उबला बिना जायकेभरा और बिना नमक का था। मुझे जोर से भूख लगी थी। मेरी मम्मी ने मेरेलिये एक प्लेट खाना लाया। दोनों ने मुझे कॉटपर बिठाया। दोनो मेरे बाजू में थे। मैंने खाना शुरु किया। आधा खाना खाया था की डॉ. अमित माहोरे सर मुझे देखने आ गये। ''चलो चलो, अभी चलके दिखाना है, वो भी, बिना किसी सहारे के। उठो, खडे होकर दिखाओं। हम सब पलभर के लिये चूप रहें। डॉ. अमित माहोरे सर ने कहाँ, ''मैं राऊंड लेकर थोडी देर में आता हूँ, तब तक तुम अपना खाना खत्म करों। और वो चले गये। अभी मैं डरा सेहमा गया था। अभी तो मैं जानबुझकर धीरे धीरे अपना खाना खाने लगा। मैंने खाना खत्म ही किया था और डॉ. अमित माहोरे सर वापस आये। उन्होंने मुझे अपने आप खडा होने के लिये कहाँ। मैं पूरी तरह डर के मारे पानी पानी हुआ था। पर कॉट के सहारे मैं अकेला खडा हुआ। मेरी पेशाब की थैली उन्होंने पहले ही निकाल दी थी। वो बोले, ''अभी तुझे खुद चलना है।'' मैं धीरे-धीरे कदम उठाकर आगे बढ रहा था और डर रहा था। अचानक मेरा संतुलन बिगड गया और मुझे पापाने सहारा दिया। डॉ. अमित माहोरे चिल्लाएँ और कहाँ, ''उसे खुदको संभालने दो।'' मैं मेरे मन को धीटकर अपना एक एक कदम आगे बढाता गया। मैं नन्हें बच्चे जैसे गिरते संभलते फिर उठकर चले हुए कोशिश करते है, वैसे ही मैं चलने की कोशिश कर रहा था। जैसे गाय का बछड़ा पैदा होते ही खडे रहने की कोशिश करते हुये लडखडाता है, बार बार गिरता संभलता है, ऐसी ही कुछ मेरी हालत थी। मैं धीरे-धीरे चल रहा था। डॉ. अमित माहोरे सर कह रहे थे, ''तेजी लो और चलो! अच्छा है! बराबर! उपर सामने देख कर चल ''नीचे देखके थोडी कोई चलता है।'' वो मुझपर चिल्लाये। ''सभी चलते हैं वैसे सामने देखके चलो!'' वो मुझे

ऐसे कह रहे थे। मैं चलने का प्रयास और अभ्यास कर रहा था। मैंने पुरे वॉर्ड का चक्कर लगाया और अपनी कॉट के पास जाकर रूक गया। डर खत्म करने के लिये, हमें डर का सामना करना पडता है। ये मैंने इससे सींखा था। भाईंदर से मेरे महेंद्र मामा, ममता मामी, मयूर, सुकेशनी और रागिनी मुझे देखने अस्पताल आये थे। मैं उन्हें भी दिखाया की मैं कैसे चलने लगा हूँ। और हम वॉर्ड के बाहर गॅलरी में जाकर

खडे रहे। सारा वातावरण, परिसर और आसमान मुझे ठीक से दिखाई दिया। तभी मुझे

एहसास हुआ की वॉर्ड को अभी अभी रंगाया गया है। मैं खूष था। बाहर झाडपर कोयल पंछी बैठी थी। वो कुहूऽऽकुहू आवाज कर रही थी। मैंने भी सिटी मारी और वैसे ही आवाज निकाली। और उसने भी प्रतिसाद देते हुये आवाज लगायी। मैं खुष हुआ। मुझे जोर से पेशाब आयी और मैंने वहाँ ही कर दी। उसके बाद मुझे टॉयलेट होने का महसूस हुआ। मैंने तुरंत ही मेरे पापा को बताया। और वो मुझे अंदर वॉर्ड में लेकर आये। पर मुझे अंदर वॉर्ड में आते आते पॅन्टमें ही टॉयलेट हो गया। तो मेरी कॉट के बजाय पापा मुझे सीधे टॉयलेट में ले गये। वहाँपर मुझे साफ किया और मुझे नेहलाया। मुझपर टॉवेल लपेटकर, पापा मुझे अपने बेड के पास ला रहे थे। इतने में लाल पट्टेवाली उर्मठ वरिष्ठ नर्स मुझे देखर चिल्लाई, ''नहाने का ये क्या समय है? ये क्या इसे टॉवेल लपेटा है?'' मम्मी मेरे कपडे साफ करने के लिये बालदीभर पानी ले जा रही थी और ये सुनकर वहीं मम्मी वहीं रुक गयी। पापा भी नर्सपर भडक गये। तभी एक और नर्सने पापा से कहाँ, ''जाने दो।'' फिरसे ठंडे पानी से ही नहाना पडा। और फिर मुझे बेड के पास पापा लाये। खाना खायें बिना दिदी समिक्षा, दिपाली और नम्रता, नमिता की शादी से होकर, मुझसे मिलने आये। सभी रिश्तेदार के.ई.एम्. अस्पताल में मौजूद थे। मुझे पापाने फिरसे चलने के लिये कहा। मैं दो कदम ही चला था की

कुछ मेरे पैर में चुभ गया और पैर से खून आने लगा। इंजेक्शन की बोतले तोडकर कचरा पेटी में डाली जाती थी। उसके टूटे हुए काँच के तुकडे बाहर गिरे थे और इत्तफाक से मैं उसी रास्ते से गुजरा और ये हुआ था। वॉर्ड में मौजूद नर्स को इसकी जानकारी दी गयी। डॉक्टर्स के लिये शंट ऑपरेशन एक छोटीसी सर्जरी थी। पर हमारे लिये वो छोटी नही थी। जब कोई फोड़ी शरीरपर होती है, उसमें पानी जमा होता है। उसी प्रकार ब्रेन सर्जरी के बाद, उस ट्यमूर की जगह पानी जमना शुरु होता है। उसे हायड्रोसेफॅलस कहते है। ये पानी ब्रेन के काम करने में रूकावटे पैदा करता है। अगर ये पानी सिर के पीछे छोटे ब्रेन के पास जमा होता है, तो वो ब्रेनपर दबाव पैदा करते हुये अपने पुरे शरीर पर दबाव आता है। उससे हमारा संतुलन बिगडता है। सभी क्रियाएँ धिमी हो जाती है। हमारे शरीरपर से नियंत्रण कम होता है। मुझे भी ऐसा ही हुआ और मेरा पेशाब पर से नियंत्रण कम हो गया था। और कभी बेहोशी आती थी। जब मैं कार्बोहाइड्रेट और स्टार्चयुक्त पदार्थ, जडोंवाली सब्जी और बैंगन खाता हूँ, तो ज्यादा मात्रा में हायड्रोसेफालस मेरे ब्रेन में निर्माण जमा होता है। उसके दबाव से मेरी आँखोपर और चेहरेपर दबाव महसूस होता है और मेरी सारी क्रियाएँ धीमी हो जाती थी। यही कारण था मेरा अपनी पेशाब पर से नियंत्रम कम हो गया था। मुझे याद है की रेडीएशन के दौरान मुझे सादा खाना खाया नही जाता था। इसलिये बटाटा चने के आटे में पानी के साथ मिक्स कर भजी बना देते और चपाती के साथ उसे मैं खाता था। शंट सर्जरी अलग होती है। ये पानी हायड्रोसेफॅलस जो ब्रेन में जमा होता है वो धीरे-धीरे टपक कर बह जाता है। पर ये क्रिया बहुत धीमे तरीके से होती है। तो ये सब जल्दी होने के लिये शंट नली इन्सान के सिर के अंदर से पेट तक डाली जाती है। ये नली लचिली होती है। ये शंट नली धमनी, रक्तवाहक नसों की तरह होती है। मेरे ऑपरेशन के दौरान मेरे सर्जन डॉ. अमीत माहोरे सर ने सबसे पहले मेरे

सिर के उपर से एक छेद किया। उसके बाद मेरे गले के बाजू में गर्दन पर चिरकर मार्ग बनाया। उसके बाद उन्होंने एक धातू की नली मेरे सिर से गले तक डाल दी। और उसके बाद, उस धातू की नली के अंदर ये लचिली शंट नली डाल दी और जब वो गले से बाहर आयी तो उन्होंने धातू का रॉड निकाल दिया। इसी तरह मेरे गले से पेट तक ऐसे ही कर वो नली मेरे शरीर में डाली गयी। धातू की नली एक मार्ग बनी, जिससे वो लचिली नली मेरे शरीर में दाखिल हो पायी। ये वैसा ही है, जब समुद्र से खनीज तेल निकालते हैं। ये सर्जरी इस तरह होती है, ये मुझे मेरे पापाने आगे के सालों में बताया। मुझे 15/12/2008 को अस्पताल से डिस्चार्ज दिया। लेकीन घर जाने से पहले डॉ. अमित माहोरे सर ऑपरेशन थिएटर से ही सीधे हमसे मिलने, अपने ऑपरेशन गाऊन, ग्लोव्हज, टोपी और मास्क में आये। उन्होंने पापा मम्मी को कुछ बाते बतायी, निर्देश दिये। वो दो बेड के बीच में बैठकर अपना खाना खा रहे थे। उन्होंने कहाँ, ''डिस्चार्ज मिला?'' हमने कहाँ, ''हाँ डॉक्टर!'' ''सब ठीक है?'' हमने कहाँ हाँ! वे बोले, ''देखो! अब सब ठिक है, बस आगे अच्छे से अपना खयाल रखो।'' ये कहते हुये वो फिर ओ.टी. में चले गये। मैं, मेरी मम्मी पापा और चाचा रविंद्र निकल गये। आय.व्ही. की वजह से मेरे हाथपर सूजन थी। निकलते वक्त मैंने और मेरे पापाने नर्सेस, वॉर्डबॉय, स्टाफ और सभीको शुक्रीया कहाँ और लिफ्ट से हम नीचे आये। हम चलकर टॅक्सी तक गये और हम सीधे मेरे मामा के घर माहीम पहुँचे। मुझे पापाने बडे लोगों का डायपर अस्पताल में ही पहनाया था। अभी मुझे पेशाब पर नियंत्रण था और अधिक समय तक मैं उसे रोके रख पा रहा था। टॅक्सी से आते वक्त परेल टी.टी. और दादर टी.टी. के ब्रिजपर मुझे कुछ अलग और नया दिखाई दे रहा था उँची इमारते, गाडीयाँ, ट्राफीक देखकर मुझे थोडी घबराहट महसूस हुई। बहुत दिनों बाद मैंने सूर्यास्त भी देखा था। पापाने मम्मी से कहा की उन्हें एक

काम के लिये जाना है, इसलिये माहीम के घर से किसी को बस स्थानक पर बुलाकर रखे थे। मम्मी ने मेरी मामी नवनीता को फोन किया। वो खुद बाहर मुझे लेने आ गयी। उन्होंने मुझे हाथों से पकडा और धीरे-धीरे उनका सहारा लेते हुये मैं चला। वो एक अच्छा क्षण था। मुझे मेरे रेडीएशन के दिन याद आये। हम जब रेडीएशन के दिनों में चलने बाहर जाते और आते, इसलिये मुझे रास्ता मालुम था। कैसे जाना है ये पता था। अभी मैं वडापाव, चिकन लॉली पॉप, सूप और बहुत सी चिजे खाने को तैयार था। मैंने अपने रेडीएशन के दौरान ये सब माहीम में खाया था। आईस्क्रीम तो जमके खाया था। परीवार के सभी मुझे माहीम में देखने आयें थे। मेरे पापा के साथ पढानेवाले उनके स्कूल के शिक्षक, रिश्तेदार, भोसले परिवार और मेरे दोस्त भी आये थे। धीरे-धीरे मेरे शरीर की सूजन जो ऑपरेशन के बाद आयी थी वो कम हुई थी। पर जिस हाथ पर सलाईन की आय.वी. लगायी थी वहाँपर अभी भी सूजन थी। मलम लगाने पर भी ऊस हाथपर सूजन वैसे ही थी। रात को फिर से मेरे पापाने उस हाथपर मलम लगाया। गलती से बात करते वक्त वो मेरेही शर्ट से घीस गया। दिपाली और मेरे पापाने देखा की उस सुई लगाने की जगहपर एक छोटा चौकोनी कागज लगाया हुआ था। उसे डिशपॉट कहते हैं। जब हम खून देते है, तभी एक छोटा कागज का स्टीकर उस जगह चिटकाते है, वहाँपर। दो दिनों से जो मलम पापा मेरे हाथपर लगा रहे थे वो कागजपर ही लगता और उस जख्म/चमडी पर नही लगता था। अगर उस वक्त मेरे पापाने उस जख्म को कापूस से ठिक से साफ नही किया होता, तो हम

उस कागजपर ही मलम लगाते रहते। जब हम माहीम में थे, तभी मुझे रहे हुये मेरे दोस्तों के फोन नंबर याद आए। मैंने मेरे प्रिय मित्र अभिषेक मोरे को फोन लगाया। उसके घर से पता चला वो कोल्हापूर हॉस्टेल में रहता है। उन्होंने मुझे उसका फोन नंबर दिया। और तभी हम

संपर्क में आए। वैसे ही मेरा दोस्त आकाश आंब्रे जो बांद्रा रहता था, उसका भी फोन याद कर उससे संपर्क किया था। ये दोनों मेरे जुनियर कॉलेज के दोस्त थे। मेरे स्कूल का दोस्त विनय द्विवेदी भी मुझे देखने माहीम आया था। मेरे चाचा का लड़का संघर्ष मेरी स्कूल कार्डीनल ग्रेशियस हायस्कूल में पढ रहा था।चाचा रविंद्र ने जाकर मेरे ऑपरेशन की जानकारी दी। मैं इस स्कूल में हेडबॉय रहा था, इसलिये सभी शिक्षक-शिक्षिका मुझे पहचानते थे। मेरे ऑपरेशन की खबर सुनकर सभी हक्का-बक्का हुये थे। मैं स्कूल में कराटे क्लास 10वी के बाद भी जाता था। और सभीसे मिलता भी था। मुझे अचानक क्या हुआ ये हर कोई पूछ रहा था। मेरे रविंद्र चाचा कहते है की मेरी शिक्षिका ''तृप्ती टिचर'' तो ये बात सुनकर रो पडी थी। उन्होंने बाद में ये बात मुझे बतायी थी। ट्रेन से आते जाते मेरी टिचर्स मेरी दिदी समिक्षा को मिलती थी और मेरे तबियत के बारे में पूछताछ करती थी। उस दौरान हमारी ''ग्रेटा फारेल टिचर ने हमारा पता और फोन नंबर दिदी से लिया था। स्कूल की परिक्षाएँ खत्म होने के बाद वो मुझे देखने हमारे घर मिरा रोड आयी। मैं उनसे मिलकर बहुत खुष हुआ। मुझे अच्छा लगा और मैं संतुष्ट हो गया। मेरा मनोबल बढ गया ये जानकर की मेरी स्कूल से कोई तो मुझे देखने आया था। हर दिन समय पर खाना-पिना, इसका खयाल रखना अत्यावश्यक था। मेरी मम्मी इसका ख्याल रख रही थी। पर मुझे मेरी पढाई और कॉलेज फीर शुरु करना था। पापाने कहाँ ''अगर तुम्हें लगता है, तुम कर सकते हो, जाओ''। मैंने बी.एस.सी. का दुसरा साल वर्तक कॉलेज वसई में फिर से शुरु किया। पर अब बॅच बदल गया था। मेरे सारे दोस्त आगे निकल गये थे। ये नया बॅच था और सारे नये विद्यार्थी थे। वो मुझे नही जानते थे और मैं भी उनसे अपरिचित था। मुझे लेक्चर्स और प्रॅक्टीकल्स को अटेंड करना पडता था। इसलिये मुझे खाने-पीनेपर ध्यान देने नही मिलता था। मैं ठिक समय पर खाना खा नही पाता था।

मुझे अपनी तबीयत संभालने के लिये नहीं जमता था। अभी मैं घर तथा कॉलेज ट्रेनसे आने लगा। कम आराम, व्यस्त दिनक्रम, सुबह जल्दी उठना, कॉलेज जाता बिना नाश्ता किये हुए, थोडासा ही पर बाहर का खाना खाता, ये सब फिर शुरु हो गया। ज्यादा पसीना आनेसे मेरे शरीर में क्षार और पानी की मात्र कम हो गयी। डिहायड्रेशन शुरु हो गया। इस वजह से मेरी नजर पर असर होने लगा और मुझे दो प्रतिमाएँ दिखाई देने लगी। इस बढ़ती समस्या को देख मेरे पापा-मम्मी ने मुझे कॉलेज बंद करने को और पढाई भी बंद करने को बोला। ये सब मैं अपनी हिम्मत पर कर रहा था। कुछ दिनों बाद मेरी नजर में और फर्क आने लगा और मुझे धुंदला दिखाई देने लगा। मुझे दो-दो प्रतिमाएँ दिखाई देने लगी। समस्या और भी गहरी हुई। दोनों आँखों में फर्क ज्यादा बढ गया था। तुरंत हम के.ई.एम. अस्पताल, परेल गये और डॉ.अमित माहोरे सर से मिले। उन्होंने जल्दी से मेरा एम.आर.आय.निकाल लाने के लिये कहा। उसके बाद उन्होंने मुझे 10 नम्बर वॉर्ड में फिर दाखिल करके लिया। पर तब धीरे-धीरे मेरी नजर ठिक होने लगी थी। मेरी दोनों आँखे जो टेढी हुई थी वो अब सीधी हो गयी और जो धुँधला दिखाई दे रहा था, वो अब साफ दिखाई दे रहा था। सुबह डॉ. अमित माहोरे सर ने कहाँ, ''इस बार मैं खुद से ऑपरेशन का कोई निर्णय नही लूँगा।

'' मैंने उनका ये कहना गंभीरता से नहीं लिया पर मैंने उनको एक बात बताई। ''मैं शंट से बहते पानी को महसूस कर सकता हूँ।'' (हायड्रोसेफॅलस-सीर का पानी) वो हसने लगे और कहा, ''ऐसा किसी को महसूस नही होता।'' मैं भी मुस्कुराकर चुपचाप बैठ गया। शामको मुझे अस्पताल से डिस्चार्ज मिल गया। डॉक्टर्स सारे बाहर थे और मेरे केस पर देरी से चर्चा हो गयी थी। मुझे तो अगला दिन घर बिताना था, पर डिस्चार्ज लेट होने के कारण मुझे बिना मतलब सारा दिन अस्पताल में रहना पडा था। अब हम घर आये। डॉक्टरने मुझे समझाया था की,

''14वी तक पढाई काफी है, सर सलामत तो पगडी पच्चास।'' ये उनके शब्द थे। मेरे पापा मम्मी और दिदीने ऐसाही मुझे फिर समझाया । फिर पापा और दिदी वर्तक कॉलेज वसई गये और मेरा दाखिला रद कर आये। हर महिना / दो महिने / तीन महिने / छह महीने बाद मेरा टाटा अस्पताल में फॉलोअप रहता था। रेडीएशन के बाद ये शुरु हुआ था और मैं उनकी निगरानी में रहता था। उन्होंने मुझे

एस.सी.आर.टी. लाईट दी थी। वहाँ, व्यायाम फिजिओथेरेपीस्ट

डॉ. शशीकांत चंदनशीवे के जगहपर डॉ. मानसी टाकले आयी थी। वो मेरा एक्झरसाईज इलाज करती थी। मुझे वहाँ से मानसोपचार एक्सपर्ट डॉ. सविता गोस्वामी और डॉ. लेखिका के पास हमें मेरी मानसिक अवस्था और उनके टेस्ट करने जाना पडता। ये भी हर 6 महिनों में होता था। वो मेरी याद स्मरण रखने की क्षमता जाँचती, मेरी मानसिक और भावनिक अवस्था का टेस्ट लेकर अध्ययन करती थी। मेरी विचार क्षमता जाँचती थी। मेरा आय.क्यू. (इंटलिजंट कोशंट) टेस्ट लेती थी। सारे छोटे टेस्ट जो दिये गये समय में पुरे किये जाते वैसे भी टेस्ट। अनेक आकार पहचानना, चित्र, रंग आदी सारे टेस्ट होते थे। शुरुवात में मुझे ये छोटी चिजें भी मुश्कील लगती थी। मेरी जबान भारी हो गयी थी और बोलने के लिये दिक्कत होती थी। मेरी बोलने की क्षमता पर भी असर हो गया था। डॉक्टर मुझे ताले की चाबी डालना; उसे खोलना ऐसी कसरते भी करने को कहते। ये मेरे समन्वय योग्यता को बढाने के लिये था। मुझे ताले में चावी डालने में दिक्कत होती थी। मुझे घरपर चावल से पत्थर अलग करने को कहते। ये मेरे समन्वय योग्यता को बढाने के लिये था। ये सब घर के छोटे-छोटे काम करने से मेरा ब्रेन अधिक चौकस चौकन्य रहने में मदद होती थी। टाटा अस्पताल से रीफर करके मुझे सांताक्रुझ वेस्ट में आँखों के डॉ. अजय दुधानी के पास जाँच करने के लिये भेजा गया था। हर छह महीने के बाद मुझे उनके पास फॉलोअप

के लिये जाना पडता। सारे ब्रेन ट्युमर के मरीजों को वहाँ भेजा जाता था। उनके पास एक मशीन थी जिससे आँखो की नजर, उसकी पहुँच की जाँच करते हैं। यह मशीन मुंबईके कुछ चुनींदा अस्पतालों में ही मौजूद है। ये संगणककृत (कम्प्युटराईज्ड) मशीन है। उनकी नर्स भारती सावंतने मेरे आँखों में ड्रॉप डाले। फिर मेरी एक आँखपर कापूस लगाकर टेप चिपकाया और दुसरी आँख की टेस्ट होती। मशीन के अर्धवृत्ताकार भाग में अपना मुँह डालकर अपनी हनुवटी स्टॅन्डपर रखकर अंदर लाल लाईट को देखते रहना पडता। एक टक उसके पास ही देखना होगा। लाल लाईट को सीधी देखते हुये अगर हरी लाईट थोडी भी चमकी और हमें दिखी तो हाथ में दिये हुये एक ट्रिगर को दबना होता। जिससे उस पॉईंट की मशीन में दखल ली जाती। मेरी आँखों के पहुँच की अंदर अगर हरी लाईट दिखती, तो उस ट्रिगर को दबाकर पॉईंट लिये हुये वो हिटेड स्ट्रोक्स कहा जाता है। यह सेम प्रोसिजर दुसरी आँख को भी किया जाता था। उसकी प्रिंट लेकर वो डॉ. दुधानी को दिया जाता था। उसको पढकर फिर वो हमें मेरी नजर, और आँखों की स्थिती के बारे में बताते, और कितनी सुधारणा हुई है, कितनी होगी, वो भी बताते। स्टॅण्डपर हनुवटी को रखकर मेरी गर्दन दर्द करती थी। पर मैंने इरादा कर लिया था की

इस परिस्थिती से बाहर निकलना ही है। रेडिएशन और शंट ऑपरेशन के बाद मेरी चमडी अंदरसे फटने लगी थी और लाल रॅशेस आये थे। मेरी अंदर की चमड़ी भी लाल लाल दिखाई दे रही थी। हम फिर स्कीन के स्पेशॅलिस्ट डॉ. प्रमोद भंडारी के पास गये जो मिरा रोड में ही थे। मुझे देखकर, जाँचकर दस दिनों के लिये गोलीयाँ, और क्रिम लिख कर दी । दो -तीन बार उनके पास गये थे। डॉक्टरने कहाँ की वक्त के साथ वो रॅशेस भर जायेंगे। मैं ठिक होने लगा था और सब ठिक हो रहा था। कभी मैं समयपर उठता, नाश्ता करता, खाना खाता।

कभी मैं देर से भी उठता और उसकी वजह से मेरी समय सारीणी (टाईमटेबल) बिगड जाती। बीच-बीच में मैं आईस्क्रीम, हॉटेल का चिकन लॉलीपॉप भी खाता था। मैंने फिर से बाहर का बहुत खाना शुरु किया था और खाता बैठता। अगर मैं काम करू और कमाऊ तो मेरे परिवार को आर्थिक मदद हो सकती है। मुझे देढ किलो से ज्यादा कुछ भी वजन उठाने के लिये मनाई थी। इस कारण में भारी काम कर नहीं सकता था। तो मैं चूप बैठ गया। मेरा बाहर घूमना-फिरना बंद हो गया था। डॉक्टरने मुझे लंबी दूरी का सफर करने को मना किया था। जनवरी 2010 में मैं मेरी दिदी (समिक्षा) मम्मी और पापा के साथ 3 IDIOTS नाम की हिंदी फिल्म सिनेमाघर में देखने गये थे। तभी उनी टोपी, (Woollen Cap) कानमें रूई डालकर कान ढँककर ए.सी में मैंने फिल्म देखी थी। मुझे वो फिल्म बहुत पसंद आयी और उसे देखकर मुझे मजा भी आया। एक अच्छी याद के तौरपर मैंने उस फिल्म के तिकीट भी संभालकर कुछ दिन रखे थे। उसके बाद हमें साथ थिएटर में फिल्म देखने का अवसर ही नही मिला। एक बार मयूर, दिदी समिक्षा और मैं अंग्रेजी फिल्म ''पायेरट्स ऑफ दी कॅरेबीयन ऑन दी स्ट्रेन्जर्स टाईड'' देखने गये थे। उसमें जो जलपरीयाँ दिखाई गयी थी वो इतनी सुंदर, नाजूक और बहुत ही लाजवाब थी। मुझे वो फिल्म ठीक लगी। मुझे दिखाई देते हुये भी मैं अंधा बन बैठ अपना भविष्य खोज रहा था। मैं बिना काम किये ही घर पर खा पी रहा था। और असल में ये भावना ही मुझे अंदर से तकलीफ दे रही थी। सारे घर के लोग (मेरे मामा/नानी/बच्चे) मेरे मम्मी के गाव मुर्तावडे (ता. चिपळुण – जि. रत्नागिरी) अपनी माँ/मेरी दादी को लेकर गये थे। अभी मैं थोडा विचलित हुआ था और सबके साथ गाँव जाना चाहता था। मैंने डॉ. अमित माहोरे सर को फोन लगाकर उनसे इजाजत माँगी। ''हाँ, जाओ।'' ऐसा उन्होंने भी कहाँ। पर जब मैंने पापा से कहाँ, तो वो बोले,

''मत आओ।'' और मैंने यह विषय ही छोड दिया।उसी दौरान मैंने मयूर के हॅन्डीकॅम से मेरी नानी की मुलाकात रेकॉर्ड कर ली थी। मुझे लगता है की उस वक्त ये करके मैंने अच्छी हाजीर जवाबी दिखाई थी। हर कोई अपने गाँव उस साल गये थे। निवाते सर उनका परिवार, दिलीप मामा, भायंदर के महेंद्र मामा, माहीम के ज्ञानदेव मामा, मासी सभी परिवार गांव गये थे। दिलीप मामाने प्रायवेट बस से गांव जाने के लिये व्यवस्था की थी जिससे मेरी दिदी समिक्षा भी गयी। कुछ दिनों बाद सभी एक-एक करके वापस आने लगे। तब तक मैं उब गया था। मैं हापूस आम खाने केलिये उत्सुक और रूका हुआ था। फिर से हमारा घर, घर जैसा लगने लगा, क्योंकी अब सारे लोग आने लगे थे। अब घर भरा भरा रहने लगा था। मैंने गाँव और नये घर के प्रवेश के फोटो भी देखे। मैं सोच रहा था, ''काश मैं भी वहाँपर मौजूद होता।'' पर मैंने सोचा मेरी सेहत सबसे ज्यादा महत्वपूर्ण थी। उस वक्त मैं थोडा खाने-पीने के मामले में लापरवाह था और मेरी तबीयत भी अच्छी स्थिर थी। उस दौरान मैं पढ रहा था। कविताएँ लिख रहा था। हमारी वित्तीय स्थिती थोडी सी ठीक होने लगी थी, ऐसा मुझे लगा।मेरी दिदी समिक्षा उसकेही कॉलेज ''रुपारेल महाविद्यालय'' जाकर पढाने लगी थी। और मेरे पापा को दिदी का थोडा सहारा, समर्थन मिलने लगा था। मेरी मम्मी भी खुश थी। मैंने मयूर को उसका हॅण्डीकॅम लाकर मेरी नानी का लाईव्ह शूट करने को कहा था। मैंने नानी से उसे जीवन में जो अनुभव किये, जो सहा, सारी जानकारी प्राप्त करने के लिये एक प्रश्नों की सूची बनाई। हम दिलीप मामा के घर गये। वहाँ नानी से मैंने सारे प्रश्न पुछे। नानीने भी सारे प्रश्नों के उत्तर दिये। मयूरने यह ऐतिहासिक मुलाकात, अपने कॅमेरे में रेकॉर्ड कैद कर ली थी। अब जब मैं अच्छा महसूस कर रहा था, तो मैं काम करने का विचार करने लगा। मैंने सोचा की मैं काम करूंगा तो घर को भी आर्थिक मदद होगी। फिर मैं अखबारों में काम के इश्तेहार ढूँढने

लगा। इस सब स्थिती पर पापा की बारीक नजर थी। मुझे ये नही लगा की मैं जल्दबाजी कर रहा हूँ, लेकीन मैं वो ही कर रहा था। अखबार में एक कॉर्पोरेट कंपनी में जॉब की इश्तेहार पढा और एक एजेन्ट को फोन किया। उस एजेन्ट ने मुझे आकर मिलने के लिये कहाँ। मैं और मेरे पापा तैयार हुअे। मेरी मम्मीने दोपहर के भोजन के लिये रोटीभाजी डिब्बो में डालकर दिये। वहाँ जाते समय लोकल ट्रेन में मेरे पापा ने मुझसे कहाँ, ''हम सीर्फ जानकारी लेंगे।'' हम धूप के कारण थक गये थे। मैं पसीने से भीग चुका था। मुझे थकान महसूस हो रही थी। हम घाटकोपर रेल्वे स्टेशन पहुँचे। वहाँपर पास ही में एक मॅडम से मिले। मैंने उनको मेरी पढाई, दूर रहना और मेरे ऑपरेशन के बारे में बताया। उन्होंने मुझे एक मुलूंड की कम्पनी का पता देकर यहाँपर जाने के लिये बताया। हम घर लौटे। मेरे पापा चूप थे। मैं तो पूरी तरह थक चुका था। पर अगले ही दिन हम दिये हुये पतेपर मुलूंड पहुँचे। हमें थोडा ढूँढना पडा। मैंने टी-शर्ट और पॅन्ट पहनी थी। कॉर्पोरेट जगत में लोग शर्ट पॅन्ट और टाय पहनते है। इस बात से मैं अन्जान था। हम जब वहाँ पहूँचे, हम पसीने से भीग चुके थे और थक गये थे। हमें वहाँ बैठने को कहाँ गया। उन्होंने मुझे चंद सवाल पुछे। मेरे ऑपरेशन और लंबा सफर जानकर वो बोले की हो सके तो वो मुझे संपर्क करेंगे। मेरी मम्मी ने जो टिफीन दिया था वो कहाँ खाये ऐसा हमें सवाल पडा था। मुलुंड स्टेशन के पास में ही एक छोटा हॉटल था। पापाने उनसे सीर्फ बैठकर यह डिब्बा खाने के लिये बिनती की और उन्होंने भी हाँ कहाँ। हमनें रोटी भाजी खायी। पानी पिकर हम घर लौटे। मैं पसीने से तरबतर हुआ था और मेरे शरीर की पानी की मात्रा कम हो गयी थी। मुझे पापाने समझाया की ''धीरज रखों सब ठिक होगा''। इंटरनेटपर भी मैं जॉब ढूँढ रहा था। ज्यादा पसीना आने से और शरीर में पानी की मात्रा घटने से मेरी नजर पर उसका असर हुआ। मेरी आँखों में तीरछापन (कानापन / अंतर आना) आया। मेरे

मम्मी पापा ने मुझे समझाया की जान जरूरी है, बाकी सब उसके बाद आता है। ''सर सलामत तो पगडी पचास!'' ये सब समझकर मैंने जॉब, काम करने का विषय छोड दिया। ज्यादा पसीना

आने की वजह से मेरे शरीर का पानी कम हो गया था। मेरे शरीर में क्षार (इलेक्ट्रोलाईट्स) (शूगर/नमक) इनकी और पानी की मात्रा पसीना ज्यादा आने से और तुरंत उसकी भरपाई न करने से (याने नींबू पानी, शक्तीवर्धक फलों का ज्यूस आदी) मेरी तबीयत पर काफी बुरा असर हुआ। मई महिनें में मेरे पापा मेरे दादी को गाव ले गये और 14 दिनों में वापस भी लाये पर तब तक दस्त (जुलाब) होने की वजह से मेरे शरीर में निर्जलीकरण (डिहायड्रेशन) ज्यादा मात्रा में हो गया था। इसकी वजह से मेरी नजर तेढी हो गयी थी और नजर पर परिणाम हो गया। हमने निर्णय किया की मुझे तुरंत डॉ. अमित माहोरे सर के पास के.ई.एम.अस्पताल ले जायेंगे। मेरे पापा ने उनको फोन किया और उन्होंने ''आ ओ।'' ऐसा कहाँ। मुझे लेकर और मेरा ताजा MRI लेकर हम उनसे मिले। मेरी नजर की गंभीर अवस्था को देख उन्होंने हमें के.ई.एम.अस्पताल के बाजू में ही मेरा कन्स्ट्रॉट एम.आर.आय.तुरंत निकाल लाने को कहाँ। उस एम.आर.आय.के लिये डेढ घंटा लगा। वो खत्म होने के बाद हमने पहले दोपहर का खाना बाजु के होटल में खाया। फिर स्कॅन और रिपोर्ट लेकर हम डॉ. अमित माहोरे सर से मिले। उन्होंने मेरे स्कॅन्स देखे। फिर हमें कहाँ की बाद में देखते हैं। और हमें घर जाने के लिये कहाँ। यहाँ से समस्या का प्रारंभ हुआ। एम.आर.आय. के वक्त जो कन्स्ट्रॉट का इन्जेक्शन मुझे दिया वो ज्यादा हो गया और वह मैं सेह ना सका। मुझपर असर हुआ और मुझे दर्द भी काफी हो रहा था। जब हम टॅक्सी से मिरारोड आये, तब तक उस इन्जेक्शन का परिणाम हो गया और मुझे आतेआते उल्टीयाँ होने लगी थी। वह बहुत लम्बा सफर, थका देनेवाला सफर था। घरपर बहुत

उल्टीयाँ हो रही थी। मैं अस्थिर हो गया था। यह निर्जलीकरण (डिहायड्रेशन) कुछ अधिक हो गया और अपनी चरम सीमा तक पहुँचा। मेरी ये हालत को देखकर मेरे पापाने डॉ. अमित माहोरे सर को फिर से फोन किया और मेरी हालत के बारे में बताया। मेरी ऐसी नाजूक अवस्था होनेपर डॉ.अमित माहोरे सरने मेरे पापा को कहाँ, ''सुहास को जल्दी के.ई.एम्. अस्पताल लेकर आओ।'' वो रविवार का दिन था। मेरी बुआ, उसके पती प्रमोदमामा और उनके बच्चे प्रेरणा (मनी), और स्थवीर (बावा) घरपर बांद्रा की SRA अंतर्गत जायदाद के मुद्दे को लेकर चर्चा करने के लिये आये थे। उस दौरान वह मुद्दा काफी गरम हो गया था। पर पापाने मुझे के.ई.एम.अस्पताल ले जाने और उस मुद्दे को टालने का महत्त्वपूर्ण निर्णय लिया। दोपहर का खाना भूलकर सारे मेरे इर्दगीर्द मुझे संभालने में जूटे हुये थे। मुझे उल्टीयाँ हो रही थी और वह थमनेका नाम ही नहीं ले रही थी। अचानक मेरे पापा ने मेरी उल्टी में खून का कतरा देखा। और तब मैं बेहोश हो गया। फिर से मेरे पापाने डॉ. अमित माहोरे सर को फोन किया और सब बताया। तो वे बोले देर मत करो, जल्दी सुहास को लेकर के.ई.एम. अस्पताल आ जाओ। मुझे थोडा होश आया पर मुझे उल्टीयाँ हो रही थी। मेरे चाचा मिलींद टॅक्सी लाने गये। मैं, मेरी मम्मी, मेरे पापा और चाचा मिलींद के साथ हम टॅक्सी से के.ई.एम. अस्पताल निकले। पर मेरी उल्टीयाँ थम ही नही रही थी। पापा ने चिंतीत होकर फिर डॉ. अमित माहोरे सर को बताया। वे बोले की, उसे नजदीक के किसी अस्पताल में दाखिल कर दो। उसकी उल्टीयाँ रूक जाने पर और वह स्थिर होने पर उसे यहाँ लेकर आना। टॅक्सी चलानेवाले सिख अच्छे इन्सान थे, वे मेरे तबीयत के बारे में समझ रहे थे। उन्होंने मेरे पापा को नजदीक में ही एक अस्पताल के बारे में बताया, जो मिरारोड में ही था और जल्दी से मुझे पापा वहाँ लेकर गये। मुझे तुरंत ही वहाँपर दाखिल किया गया। ग्लुकोज, सलाईन लगाई गयी। मेरी स्थिती बहुतही

चिंताजनक और नाजूक थी। जब मुझे ॲडमिट किया गया, तभी मैं अस्थिर और बेचैन अवस्था में था। अस्पताल के डॉक्टरोंने मेरी फाईल पढी। मेरे पापा के कहनेपर तुरंत एक न्यूरोसर्जन को बुलाया। मेरे पापाने पास के रिश्तेदारों को खबर की और वे तुरंत मदद के लिये दौड आये। मेरे पापा, मेरी मम्मी बहुत ही चिंताग्रस्त हो गये थे। उन्हें समझ नही आ रहा था की क्या करें। मेरे पापा उस अस्पताल के डॉक्टरों से सलाह ले रहे थे, वो आ गये। उन्होंने मुझे देखा, मेरे स्कॅन रिपोर्ट देखे और कहाँ की ''इसका ट्यूमर बढ गया है और शंट की नली भी काम नही कर रही।'' खून की उल्टी की वजह से और सतत उल्टीयाँ होने के कारण मैं तो पुरा दिन बेहोश हो गया था। पुरी रात मैं बेहोश ही रहा। वो न्युरोसर्जन ने तुरंत ही ऑपरेशन करने की सलाह दी। अस्पतालवालोंने कहा (डॉक्टर्स) की हम यहाँ ऑपरेशन कर सकते हैं, पर जान की जोखिम नही लेंगे।'' आगे की जोखिम आपकी'' वे बोले की, ''हम कुछ गारंटी नही दे सकते।'' हम रु. 1,50,000/- लेंगे। मेरे मम्मी, पापा करो या मरो की स्थिती में आये। उन्होंने सोचा, विचारविमर्श करके ही निर्णय लिया। मेरे पापाने डॉ. अमित माहोरे सर को फिर फोन कर मेरी स्थिती और न्यूरोसर्जन और इस अस्पताल के डॉक्टरों की सलाह बताई। वे बोले, ''सुहास मेरा पेशंट है, उसकी उल्टीयाँ बंद होते ही उसे के.ई.एम. अस्पताल में तुरंत ले आओ।''मैं उसकी केस हिस्ट्री (मामले का इतिहास) जानता हूँ।''मेरे पापाने उनकी बातको मानने का निर्णय लिया। हमारी पुरी रात वहीपर बीत गयी थी। मेरे पापाने नर्सिंग होम को बताया की, कल मुझे इसे के.ई.एम. अस्पताल में ले जाने के लिये ॲम्ब्यूलन्स और साथ में एक डॉक्टर और नर्स की आवश्यकता पुरी करने के बारे में बिनती की। मेरी दिदी समिक्षा घर पर रूकी थी। मेरी दादी और बुआ उसके साथ थे। घर का बचाकुचा काम निपटाकर दिदी समिक्षा रात को नर्सिंग होम आयी। मेरे मिलिंद चाचा और मामा दोनों

के घर से रात का खाना भेजा गया था। पर कोई खाना खाने की मन:स्थिती में नही था। मेरे कराटे कोच प्रवीण सर को मुझे एडमिट किया गया है, ये खबर मिली। वो ओर उनकी साली खुशबू मुझे देखने के लिये नर्सिंग होम आये थे। वो मेरे पापा, मम्मी और दिदी को विश्वास और हौसला दे रहे थे। खुशबू मेरी मम्मी से कह रही थी ''ये मेरा भाई है, इसे कुछ नही होगा, आप चिंता मत करो, सबका आशीर्वाद उसके साथ है। मिलिंद चाचा के एक दोस्त और उनकी पत्नी भी मुझे देखने आये थे। मैं अब थोडा होश में आया था। पर किसी को भी पहचानने की स्थिती में नहीं था। उस वक्त क्या हो रहा था, ये सारी बातें मुझे बादमें बताई गयी। प्रवीण सरने मेरे पापा और दिदी समिक्षा से कहाँ, ''सुहास तो फायटर है। वो इससे बाहर निकल आयेगा।'' मेरे सर की इन बातों से मेरे पापा के अंदर भी उर्जा आ गयी। भविष्य में पापाने हर वक्त ये बाते याद रखी। और उनके बोलों के जैसे ही सब हो रहा था। वो रात हमारे लिये काली रात समान थी। मेरे मम्मी, पापा और दिदी समिक्षा मेरे साथ थे। सारी रात मेरा उठना, बैठना, फिर लेटना शुरु था। मेरी बेचैनी की कोई परिसीमा नहीं थी। मेरा सिर दर्द से फटा जा रहा था और वो बर्दाशित से बाहर था । मैं अपने ही हाथों से अपने सिर के बाल खींच रहा था, नोच रहा था। मैं उस दर्द को बर्दाशत नहीं कर पा रहा था। मेरी मम्मी और दिदी समिक्षा मुझे पकडे हुये थे और संभाल रहे थे। पर सिरदर्द जोर का होने की वजह से मुझे आराम नहीं मिल रहा था। मुझे थोडी भी नींद नही लग रही थी। पानी पीते ही मुझे उल्टी आ जाती थी। मेरा गला सूख चुका था। जितनी बार पानी गले से अंदर लिया, उतनी बार मुझे उल्टीयाँ हुई और पानी बाहर आया। मेरे मम्मी, पापा और दिदी समिक्षा तीनों थक चुके थे और भ्रमित हो गये थे। मेरी स्थिती नाजूक बनी थी। डॉक्टर को बात करके नर्सने मुझे इन्जेक्शन दिया। थोडी देर बाद मुझे कुछ वक्त के लिये नींद आयी और मैं सो

गया। मेरे पापाने नर्सिंग होम से कहाँ की वे ॲम्ब्युलन्स के लिये पैसे भी भर रहे हैं। उस सुबह मुझे के.ई.एम. अस्पताल ले जाने के लिये मेरे पापाने सारी तैयारी की। मेरे पापा फिर से चूप थे क्योंकी उनके पास खर्च करने के लिये रुपये नही थे। पर ऐसी स्थिती में मेरे पापा के प्रिय मित्र और हमारे बिल्डींग सोसायटी के सचीव, कला शिक्षक श्री. प्रकाश निवाते सर, जिन्होंने मेरे पापा को मिरारोड का घर दिलाया था। वो मदद के लिए भागकर आये। उन्होने रु. 10,000/- की रकम खर्चके लिये दी। अब मुझे एम्ब्युलन्स में उठाकर रखने की जल्दी हुयी। मेरी फाईल, मेरे स्कॅन्स, कपडे की बॅग और दुसरी चिजें एम्ब्युलन्स में रख दी गयी थी। मेरे चाचा मिलींद जल्दी जल्दी में मुझे एम्ब्युलन्स में रखकर अंदर बैठ गये और अपनी चप्पल पहनना ही भूल गये। उसी दौरान निवाते सर को पीठ और कमर का दर्द था। दर्द के असर के बावजूद वो मेरे लिये भाग दौडकर आये थे। मेरे रविंद्र चाचा रेल्वेसे के.ई.एम्. अस्पताल के लिए निकल पडे। एम्ब्युलन्स, आपात्कालीन स्थिती का सायरन बजाते हुए, के.ई.एम. अस्पताल दिशा की ओर निकली। मेरे चाचा मिलींद ड्रायव्हर के बगल में आगे थे। मुझे घेरे हुये मेरी दिदी समिक्षा, मेरे मम्मी, पापा और निवाते सर पिछे थे। मेरे पापा, निवाते सर के कंधेपर सर रखकर रो रहे थे। वो मेरे पापा को विश्वास दे रहे थे और समझा रहे थे। पर मेरी मम्मी नीडर थी और परिस्थिती का सामना कर रही थी। मेरी दिदी समिक्षा थोडी मन में भयभीत थी। क्या होगा किसी को कुछ पता नही था। एम्ब्युलन्स अब तेजी से जा रही थी। वाहनों का ट्रॅफिक जादा होने की वजह से एम्ब्युलन्स को धारावी मार्ग से निकाला, पर वहाँ भी ट्रॅफिक जाम लगा था। पर हमारी एम्ब्युलन्स धीरे-धीरे उस ट्रॅफिक जाम से आगे जा रही थी। पुलिस की चेकींग शुरु थी। हर गाडी की चेकींग चल रही थी। पुलीस ड्रिल चालू थी। कुछ ही मिनटों में हमारी एम्ब्युलन्स के.ई.एम. अस्पताल के गेट के अंदर दाखील हुई। डॉ. अमित माहोरे

सर दूसरे माले पर ऑपरेशन थिएटर में सर्जरी कर रहे थे। नीचे से इन्टरकॉम से उन्हें संदेश भेजा गया था। वे तुरंत उसी ऑपरेशन के कपडोंपर बाहर आये। तब तक मुझे लिफ्ट से दुसरे माले पर स्ट्रेचर से लाया गया। वे लिफ्ट के पास आये। मैं बेहोश था, वे बोले ''मेरा पेशंट चलकर घर गया था। उसे लेटाकर कैसे लाये?'' वे सबपर बरसे। मेरे पापा चूपचाप थे। कुछ भी नहीं कहाँ और मुझे उनके हवाले कर दिया था। तब जाकर मेरे पापाने चैन की साँस ली थी। चौथी बार मुझे दस नम्बर वॉर्ड न्यूरोसर्जरी में दाखिल किया गया था। उल्टीयों से निर्जलीकरण हुआ और शरीर में पानी और क्षार (नमक) की मात्रा इतनी घट गयी थी की मैं बेहोश हो गया था। इसका परिणाम यह हुआ की, मुझे अप्परगेज समस्या हो गयी थी (मेरी आँखों की पलके भारी हो गयी और खुल नही रही थी। तुरंत ही इलाज की प्रक्रिया शुरु हुई। खबर मिलते ही महात्मा फुले जुनियर कॉलेज, परेल भोईवाडा के मेरे दो दोस्त अभिषेक मोरे और मंगेश चौधरी दौडकर मुझे देखने के.ई.एम. अस्पताल आये थे। मेरी अवस्था देखकर उन्हें धक्का लगा था। वे स्तब्ध हुये थे। तब तक मुझे थोडा होश आ रहा था। मुझे ठिक से दिखायी न देने के कारण मेरे बाकी के संवेदना अंग और प्रभाव से काम करने लगे थे। मेरा बेड खिडकी से अच्छे खासे अंतरपर था। फिर भी मुझे बिडी/सिगरेट के धूएँ का बास आ रहा था। अस्पताल की इमारत की दुरुस्ती करनेवाले मजदूर बाहर बीडी पी रहे थे। उस बास से मुझे परेशानी हो रही थी। यह बात मैंने मेरे दोस्तों से भी कहीं थी। वो रात बीत गयी। मेरे मामले में चर्चा और मिटींग्स डॉक्टरों के बीच चल रही थी। अगली सुबह पता चला की आज ऑपरेशन होगा। सुबह का वक्त था। डॉ. अमित माहोरे सरने मेरे पापा और मम्मी को ऑपरेशन थियेटर के पास बुलाया। उन्होंने उनसे पुछा, ''क्या सुहास आपका अकेला एकही लडका है?'' ''हाँ! वो एकही लडका है।'' दोनोंने जवाब दिया। फिर

वे बोले, ''देखो, ऑपरेशन बहुत नाजूक है''ऑपरेशन टेबलपरही जान भी जा सकती है। मैं क्या करू? बदन को लकवा मार सकता है, या जिंदगीभर कॉटपर ही रह सकता है। याने कुछ भी संभावना हो सकती है। कुछ भी हो सकता है। ''अगर आप सुहास को ऐसे ही बिना ऑपरेशन के घर ले जाना चाहते हो तो ले जा सकते हो।'' पर उसकी पलके उठ नही सकेंगी। ''ऑपरेशन के बिना ये मुमकीन या संभव नहीं है।'' मेरे मम्मी पापाने डॉ. अमित माहोरे सर से कहाँ, ''हम क्या कर सकते हैं?'' सबकुछ डॉ. अमित माहोरे सर पर छोडते हुये और उनपर भरोसा दिखाते हुये दोनोंने मेडीकल के उन पेपर्सपर अपनी ऑपरेशन के लिये इजाजत दिखाकर दस्तखत किये। इसलिये की यह मेरा के.ई.एम. अस्पताल में तिसरा ऑपरेशन था, उसपर कोई खर्चा अस्पताल ने नही लगाया था। सब मुफ्त में ऑपरेशन था। पर इस बार जान बचाने का सवाल था। मेरी अवस्था बहुतही जटील थी। मैं बेहोश था। रात में ही सर के बाल निकाल टकला किया गया था। शरीरपर मौजूद बाल भी निकाले गये थे। मुझे गरम पानी से नहलाया गया था. 12जुलाई 2011, सुबह 10 बजे मुझे ऑपरेशन थिएटर के अंदर लिया गया। मेरे पापा की परेशानी, उदासी और चिंता का फायदा उठाते हुये मेरे चाचा रविंद्र ने ये कहना शुरु किया था की, बांद्रा पूरब स्लम और SRA रूम का ''मैंने ही सब किया है।'' यह सब परिवार की बांद्रा पूर्व स्लम SRA रूमों की जायदाद को लेकर वो सब कह रहे थे। वो मेरे पापा को चूभने जैसे बोल रहे थे। मेरे पापा, मम्मी चुपचाप सब सुन रहे थे। वो कहते हैं ना, संकट में ही हमें लोगों के असली रंग दिखते है और वे दिखाते हैं, यह सही कहावत है। यह उस वाकीये के लिये बिलकुल बराबर बैठनेवाली कहावत है। जब यह स्थिती हद से बाहर होने लगी, तब मेरी मम्मी को गुस्सा आया और मेरे चाचा को कहाँ, ''मेरे बेटे का अंदर जिंदगी और मौत का संघर्ष चल रहा है और ऑपरेशन हो रहा है, और तुम ये क्या

इधर ऐसा बकवास कर रहे हो? नीचे चले जाओ, अभी के अभी।'' मेरे पापाने ठीक से ध्यान में रखा था की मेरे इस तिसरे ऑपरेशन के बारे में किसी को भी पता ना चले। वह कोई भी हो, रिश्तेदार, दोस्त या कोई भी पहेचानवाला हो। इसका कारण, पहले और दूसरें ऑपरेशन के दौरान सारे डॉक्टर हमें डांट रहे थे। मेरा ऑपरेशन खत्म हुया। ऑपरेशन कूल 6 घंटों तक चला। डॉ. अमित माहोरे सर बाहर आये। मेरे मम्मी, पापा उनके पास गये। वो बोले, ''देखो! मैंने तो मेरा काम कर दिया है। मैंने 98% ट्यूमर (गांठ) को निकाल दिया है। वो भी अपनी जिम्मेदारीपर और अपने जोखिमपर। हमें इसकी इजाजत नहीं होती, पर मैंने किया है। बाकी बचा 2% गांठ का हिस्सा दुनिया का कोई भी सर्जन नही निकाल सकता। यह इसलिये क्योंकी इससे जानपर आती है। डॉ. अमित माहोरे सर की ये बातें सुनकर मेरे पापा, मम्मी को अब मेरी जान बचाने की और मुझे जिंदा, सुरक्षित रखने की जिम्मेदारी का एहसास हुआ था। उन्होंने इसका महत्व जाना था। यह जिम्मेदारी वहाँ मौजूद हरएक व्यक्ति पर आयी थी। मुझे ऑपरेशन थिएटर में ही रखा गया था। ओ.टी की खिडकी के पारदर्शक कांच से पापाने इशारा कर, मम्मी को ऑपरेशन थिएटर में बुलाया। डॉक्टरने मेरे मम्मी से मेरे शरीरपर जो खून के ढब्बे और खून था उसे पोंछने और साफ करने को कहाँ। उस वक्त मेरी मम्मी की क्या स्थिती, क्या हालत हुई होगी।

यह मैं सोच नही सकता हूँ। मैं बेहोश था। मेरी मौसी सुरेखा, मेरी मम्मी के साथही थी। मेरी मम्मी डरी घबराई हुई थी। पर ऐसी अवस्था में मम्मीने गरम पानी में कपडा भिगाकर मेरा सीर पोछा, सारे खून के ढब्बे पोछे। सुरेखा मौसी की मौजूदगी से मेरी मम्मी को आधार मिला था। फिर मुझे आय.सी.यू. में रखा गया। आज मैं उस ट्यूमर (गांठ) से मुक्त हुआ था। आज भी मेरे मम्मी, पापा और दिदी सभी मुझे बताते है की, उन्होंने खुद अनुभव किया और देखा है की कितने परिश्रम, कष्ट

और मेहनत अस्पताल के डॉक्टर्स और नर्सेस मरीज की जान बचाने के लिये उठाते है। डॉ. अमित माहोरे सरने कहाँ, ''आनेवाले 24 घंटे सुहास के लिये जिंदगी और मौत के होंगे। इससे निकल बाहर आया तो समझो उसने मैदान जीत लिया।" ये उनके शब्द थे। सब, सोच रहे थे की ऑपरेशन के बाद मैं ठीक हूँ। मेरे ऑपरेशनकी खबर मिलते ही पहचान के लोग मुझे देखने अस्पताल में आने लगे। रिश्तेदार, दोस्त, जान पहचानवाले सभी लोग आ रहे थे। मेरे पापा जहाँ पढ़ाते है, उस स्कूल के शिक्षक और पुरा अनुयोग परिवार मुझे देखने आया। मेरे पापा के पास अब सारे पैसे खत्म हो गये थे। मेरे पापाने रोते-रोते फोनपर अनुयोग शिक्षण संस्था के प्रमुख संस्थापक, मुख्याध्यापक, राष्ट्रपती पुरस्कार प्राप्त आदर्श शिक्षक आदरणीय श्री. सतिश द. चिंदरकर सर से मेरी नाजूक स्थिती और उनकी खराब आर्थिक और वित्तीय अवस्था के बारे में बताया और मदद के लिये याचना की। अगले ही पल उन्होंने मेरे पापा से पूछा, ''आपको कितनी मदद चाहिए, सिर्फ रकम बताइये।'' मेरे पापा ने कहाँ, ''एक लाख रुपये कॅश की मदद चाहिये।'' जल्द ही मेरी दिदी समिक्षा खार पूर्व के अनुयोग विद्यालय गयी और वहाँपर संस्थापक / मुख्याध्यापक आदरणीय श्री. चिंदरकर सर ने एक लाख रुपये कॅश उसके हाथों मेरे पापा को, मेरी जान बचाने के लिये भेजे। वह रुपये लेकर सीधे मेरी समिक्षा दीदी के.ई.एम. अस्पताल आयी। कोई भी जानता नहीं था आगे कौनसी परिस्थिती आनेवाली है। जब मेरा ऑपरेशन चल रहा था, उसी वक्त मेरी दिदी को के.सी. कॉलेज चर्चगेट से प्राध्यापिका के पोस्ट के इंटरव्ह्यू के लिये फोन आ रहे थे। पर वह सबको टाल रही थी। आखीर में उसने एक फोन उठाया। रमा मॅडमने दिदी को आकर सीधे क्लास में आकर सिखाना शुरु करने के लिये कहाँ। रमा मॅडम के.सी. कॉलेज में अर्थशास्त्र की प्राध्यापिका है। मेरी दिदी समिक्षा ने उनसे कहाँ, ''मेरे भाई का के.ई.एम. अस्पताल में ब्रेन

ट्यूमर का ऑपरेशन चल रहा है और मैं ऐसी हालत में नही आ सकती।'' उन्हें इस बात पर यकीन नहीं हुआ था। तो रमा मॅडम गाडी से के.ई.एम. अस्पताल आयी। उन्होंने अपने ड्रायव्हर को दुसरे मालेपर वॉर्ड नं. 10 में भेजा। ड्रायव्हरने देखा की, दिदी समिक्षा सच बोल रही थी और मुझे बाहर से ही देखकर और मेरी दिदी के सर्टीफिकेट्स के झेरॉक्स कॉपीज लेकर वो नीचे चला गया। नीचे जाकर रमा मॅडम को उसने जो देखा वो सच बताया। मेरी दिदीने रमा मॅडम से कहाँ की अगले कुछ दिनों तक वह कॉलेज पढाने नहीं आ सकेगी। कॉलेज ने भी दिदी समिक्षा को संदेश भेजा की वह भाई की देखभाल के लिये रुक सकती है। और उसके बाद जॉईन हो सकती है। यह सब 12 जुलाई 2011 का वाकिया था। मेरा ऑपरेशन जब पुरा हुआ तो मुझे ऑपरेशन थिएटर में दुसरे बेडपर रखा गया था। यह देखकर डॉ. अमित माहोरे सरने मुझे उस बेडपर रखने के लिये कहाँ, जहाँ वह चाहते थे। वह हरएक के लिये भाग दौड और बेचैनी भरी रात थी। मेरे पापा, मम्मी सादा ही खाना खा रहे थे। यह इसलिये था, क्योंकी उनको उच्च रक्त दाब की समस्या थी और कम नमक का खाना जरूरी था। मुझे सुरक्षित रखने के लिये पहले उनको अपनी सुरक्षा करना जरूरी था। इन सब बातों की चिंता थी और मेरे पापा, मम्मी उनकी बी.पी. (उच्च रक्तदाब) की गोलियाँ के.ई.एम. अस्पताल में भी ले रहे थे। यह बहुत जरूरी था की वे दोनों अपनी सेहत अच्छी रखे क्योंकी उनपर ही मेरा भविष्य निर्भर था। यह मेरे पापा मम्मी का निर्णय आगे बहुत जादा महत्वपूर्णबना। सारी भागदौड मेरी व्यवस्था, देखभाल इससेही मुमकीन हुई थी। अगले दिन 13-7-2011 को सारा मुंबई शहर बमब्लास्ट की वजह से दहल गया था। पुरे अस्पताल में भीड हो गयी थी। लोग भागदौड कर रहे थे। दादर में कबुतरखाने के पास जो बमब्लास्ट हुआ उसके शिकार जख्मी लोगों को आपातकालीन परिस्थिती में के.ई.एम. अस्पताल में लाया जा रहा था। उन सभी मरीजों

को जिन्हें सिर को चोटे आयी थी, उन्हें मेरे यहाँ आय.सी.यू.में रखा जाने लगा। इसके वजह से मुझे दूसरे आय.सी.यू. में शिफ्ट किया गया। पुरे अस्पताल में गंभीर गडबडी का माहोल हुआ था। सारे डॉक्टर्स, नर्सेस और स्टाफ वार्ड, आय.सी.यू.में आपातकालीन परिस्थिती में लाये गये लोगों पर तुरंत इलाज कर रहे थे। इस परिस्थिती में भी मेरे पापा, मम्मी, दिदी समिक्षा और सारे रिश्तेदारोंने मुझे सहीसलामत और सुरक्षित रखा था। कुछ शिकार लोगों को अस्पताल में लाकर भी डॉक्टर्स बचा नही पाये। अब ये मेरी और हम सबकी परीक्षा थी। मेरे डॉक्टर्स ने मेरी तबीयत पर ध्यान रखा था। मुझे और राहुल नाम के पेशंट को आय.सी.यू. में रखा गया था। मेरी मम्मी और मेरी मौसी सुरेखा वहाँ मेरे साथ ही थे। मेरी देखभाल कर रहे थे। डॉ. अमित माहोरे सर ने उनसे कहाँ था की, मेरी पेशाब का क्या रंग है बताये क्योंकी अगर गाढा आया तो नमक पेशाब से जा रहा है, और अगर पेशाब का रंग फिका, हलका है तो शरीर में नमक ठहर रहा है। यह उनका निरीक्षण हर वक्त चल रहा था। मेरा गला पानी के बिना सूख चुका था। मुझे बहुत प्यास लगी थी। मैं पानी ! पानी ! ऐसे कर सिर्फ अपने होंठ हिला रहा था। सुबह जब डॉक्टर्सराऊंड लेने के लिये आये, उन्होंने कापूस भिगाकर मेरे होठोंपर लगाने के लिये मेरी मम्मी को कहा। मैं बेचैन, पानी का प्यासा और पानी पीने के लिये आतुर था। मैंने वो पानीवाला कापूस पुरी तरह सोंक लिया. वो बहुत कम था. मैं फिरसे पानी पानी करने लगा उलटी आ सकती है, यह ध्यान में रखकर मुझे मूँह से पानी नहीं दिया जा रहा था। जब एक वरिष्ठ नर्स मुझे देखने आयी थी, तभी उनके हाथ से मैंने पानी की बोतल छीनकर सीधे मूँह से पानी पिया। वो मुझे देखती ही रह गयी और कहाँ, उसे जितना पानी पिना है, उसे पीने दो। मेरे रिश्तेदार मुझे देखने शामको आये थे। बहुत कम लोग ओ.टी. के पास मौजूद थे। फिर भी वहाँ वॉर्डबॉय ने उन्हें वहाँ से जाने के लिये कहाँ। पर मेरे पापा ने सबको कहाँ

था की अलग-अलग खडे रहो, थोडे अंतर पर और आवाज जाये इतनी दुरीपर। इसलिये मेरी मम्मी और दिदी समिक्षा, मेरे पापा, और चाचा रविंद्र, चाचा मिलींद, चाचा चंद्रमनी और रविंद्र सूर्यवंशी (जिजाजी) ऐसे सब दूरपर आवाज के अंतर पर खडे थे। कुछ समय बाद वार्डबॉय ने आवाज लगायी, ''सुहास के रिश्तेदार कौन है?'' मेरे पापा दौडकर गये। मेरी तबीयत अचानक से खराब हो गयी थी और गंभीर हो गयी थी। मेरी बेचैनी बढ़ गयी थी। डॉक्टर्सने कहाँ की तत्काल सी.टी. स्कॅन करने की आवश्यकता है। आपके सारे रिश्तेदारों को बुलाईये। तुरंत सारे आये। मुझे बेड से उठाकर व्हिल स्ट्रेचरपर लेटाया गया। दूसरे मालेपर से लिफ्ट से मुझे पहले मालेपर सी.टी. स्कॅन रुम ले जाया गया। मैं बहोश था। उस वक्त मेरी मम्मी रोने लगी। मेरी दिदीने आगे जाकर रकम भरकर सी.टी. स्कॅन फॉर्म भर दिया था। फिरसे मेरा जीवन बचाने के लिये प्रयास शुरु हुये थे। डॉ. अमित माहोरे दूसरे मालेपर I.C.U. के अंदरसे फोन से सी.टी. स्कॅन रूम में डॉ. रघू से मेरे सी.टी. स्कॅन की जानकारी ले रहे थे। ''सी.टी. स्कॅन में कुछ नहीं दिख रहा है। हायड्रोसेफॅलस नहीं है, खून भी नही है। सिर्फ निमोसेफॅलस दिख रहा है।'' ऐसे डॉ. रघूने डॉ. अमित माहोरे सर को बताया। तो डॉ. अमित माहोरे सरने कहाँ, ''ठिक है; तो सुहास को उपर लाओ।'' उन्हें समझ में आया था कि मैं क्यूं इतना बेचैन था। मेरे ब्रेन में हवा थी जिसे निमोसेफॅलस कहते है। मुझे वॉर्ड में लाया गया। बेडपर रखते ही तुरंत मेरे चारों ओर पर्दे लगाए गये। और कुछ ही देर में मैं स्थिर हो गया। हमें आज भी पता नही चला है की आखिर इस निमोसेफॅलस की समस्या का उन्होंने क्या हल निकाला था। वह रात भी जैसे काली रात की तरह ही थी। मेरी मम्मी अकेली थी। मेरी दिदी समिक्षा, मेरे पापा और सारे मेरे लिये भागदौड कर रहे थे। देर रात को मेरी मौसी सुरेखा आ गयी। तब जाकर मेरी मम्मी को उसका भावनिक आधार मिला। अगली सुबह

मुझे बाहर 10नंबर वॉर्ड में लाया गया। कोई नहीं जान पा रहा था आखिर मेरी क्या अवस्था थी। मेरे बाजू में बैठकर कोई धीरे से बोले तो मुझे ऐसा लगता की कोई चिल्ला रहा है। तो मैं इशारे से उन्हें धीरे से बोलने को कहता। मैं अपनी आँखों की रोशनी गवाँ बैठा था। मेरी दाहीने बाजू में लकवा हुआ था। मेरी याददाश्त खो गयी थी। यह सब किसी के भी ध्यान में नही आया था। मेरी आँखों की रोशनी चली जाने की वजह से मेरे सुनने की क्षमता तेज हो गयी थी। धीमा आवाज भी मुझे जोरशोर सुनाई पडता था। निर्जलीकरण वजह से मेरे शरीर के अंदर क्षार सोडीयम निचले स्तरतक आ पहुँचा था। उस स्तर को बढाने के लिये मुझे ठिक अंतराल पर सोडीयम के इंजेक्शन्स दिये जा रहे थे। इतनी भारी मात्रा, शक्तीशाली डोस की वजह से मुझे दस्त होने लगे। सबकुझ बेडपर होने लगा था। पर ऐसी हालत में भी मेरे पापाने मुझे खुदनेही साफ किया, मुझे पोछा, मुझे धोया। कॉट के चारो तरफ परदे लगाकर, सिर्फ मदद के तौरपर पानी, कपडे देने, मुझे पकडने के लिये ही औरों को कहाँ। मेरे चाचाओं, मामाओं और रिस्तेदारों में से किसीको भी मुझे हाथ लगाने नही दिया। कुछ देर के बाद फिरसे सब शुरु हो जाता। सब बेडपरही होकर सारे कपडे खराब हो जाते। फिर मेरे पापा मुझे साफ करते। एक बार मुझे बड़ी उल्टी आ गयी थी। उसके बाद मैंने कुछ भी नहीं खाया था और मुझे उल्टी होन जायेगी। इसके डर से घर के किसीने भी कुछ भी खिलाया-पिलाया नही था। यह बात जब डॉ. अमित माहोरे सर को पता चली तो उन्हें सबपर गुस्सा किया। वे सबपर बरसे। गुस्सा हो गये । ''तुमको मैंने बोला था, उल्टी या जुलाब कुछ भी हो जाये, तो भी सुहास को खिलाते पिलाते रखो, जाओ! अगर तुम्हें मेरी बात नही सुननी है तो, अब मैं वापस नहीं आऊँगा। उसे मेरे पास मत लेकर आना।" पर थोडी देर बाद वे दया से फिर आये और मुझे जाँचा। एक बार मेरी दिदी समिक्षा ने डॉ. अमित माहोरे सर को कहाँ, ''सुहास को

डिसेन्ट्री हो रही है (पेचिश)।'' यह सुनकर डॉ. अमित माहोरे भड़क गये। ''तुम्हें पता है डिसेन्ट्री का मतलब? किसे कहते है डिसेन्ट्री? अगर शौंच (टॉयलेट) में खून हो तो उसे डिसेन्ट्री कहते है। यह लूज मोशन्स है (दस्त)।'' ऐसे कई बार वह होता है और थोडी देर बाद वो मेरी स्थिती को देखने वापस राऊंड लगाते। जब मुझे ब्रेन फिवर आया तभी उन्होंने मेरे मम्मी, पापा और दिदी समिक्षा को कहाँ की, ''वॉर्ड के डॉक्टर और नर्सेस को बोलकर सुहास को 4 घंटो बाद 1 क्रोसीन की गोली दो। कुछ नही होता।'' अब मेरा ब्रेन फिवर भी चला गया था। पर मेरे शरीर में खून में नमक (सोडीयम) का स्तर बढ नहीं रहा था कम होते जा रहा था। तो डॉ. अमित माहोरे सर ने मेरे पापा, मम्मी को कहाँ, ''जितना खाने में सुहास नमक खा सकता है, उतना उसे दे दो। यह सुनकर दोनों हैरान रह गये, अचंबीत थे। उन्होंने मुझे खाना देने के अलावा दिन में तीन बार पाव किलो दही और उसमें 3 से 4 चम्मच नमक (टी-स्पून)। उसे हम खारी लस्सी भी कह सकते है। उसके साथ मुझे दिन में चार बार उबला अंडा वो भी नमक के साथ देने के लिये कहा गया। मेरी माहीम की नवनिता मामी दोनों समय का खाना हमारे लिये अस्पताल में भेजती थी। मेरे मम्मी, पापा ने सोचा और उनको मेरे लिये खारी / नमकीन सुखी हुयी मछली जैसे सुकट / बोंबील और उसका रस्सा भेजने को कहाँ। माहीम के ज्ञानदेवमामा, नवनीता मामी, सुरेखा मौसी, दिपाली, नम्रता और नितेशने मेरे लिये और हम सबके लिये बहुत ज्यादा कष्ट उठाये। मेरे पापा, मम्मी और दिदी ने बहुत ज्यादा कष्ट उठाये। मेरे पापा, मम्मी और दिदी के कपडों को हर दिन माहीम भेजा जाता। वहाँ उन्हें धोकर, सुखाकर, इस्त्री करके दुसरे दिन अस्पताल लाया जाता था। ऐसे छोटे-छोटे और कई कामों में इस माहीम के परिवारने हमारे लिये कई कष्ट और परिश्रम उठाये। 24 घंटे मेरे पापा को रोना फूट पडता था। पर उसी समय मेरी मम्मी नीडर होकर खडी सबका मुकाबला कर

रही थी। वह मेरे पापा से कहती, ''हमारे बेटे की तबीयत अच्छी होगी, सुधरेगी, उसके सामने मुस्कुराते हुये जाओ।'' इतनी मजबूत धैर्यशाली और सहायक मेरी मम्मी थी। मुझे इन सभी बातोंपर गर्व महसूस होता है की मैं उसका बेटा हूँ। बचपन से अब तक मेरे पापाने मेरा कभी पेशाब या संडास साफ नहीं किया था। पर मेरे बिमारी के दौरान मेरे पापानेही मेरे पेशाब और संडास साफ किया, मुझे धोया, नहलाया और किसी को मुझे हाथ लगाने नही दिया। मुझे पापा पर गर्व है की मैं उनका बेटा हूँ। पहले मेरी दिदी समिक्षा के.सी. कॉलेज जाकर पढाने के लिये तैयार नही थी। पर जैसे जैसे मेरी तबीयत में सुधार हुआ, मेरी स्थिती बेहतर हो रही थी। तब उसे भी थोडा बल मिला, आराम होने लगा, तभी वह हिम्मत जुटाकर के.सी. कॉलेज, के.ई.एम. अस्पताल से ही जाने लगी। हर दिन सुबह 4 बजे मेरी मम्मी उसे स्त्री वॉर्ड के बाथरूम में स्नान करने देती। पहली बार मौसी सुरेखा ने गीजर का उपयोग कर पानी कैसे गरम करते हैं, यह उन्हें बताया। उसके बाद मेरी मम्मी और मेरी दिदी समिक्षा वैसे करते थे। मुझे गर्व है की मैं मेरी बडी बहन दिदी का भाई हूँ। यह हमारी कड़ी परीक्षा थी। हमारे लिये ये करो या मरो की स्थिती थी। मेरे चाचाओंने (मेरे पापा के छोटे भाईयोंने) हमारी खूब मदद की थी। वित्तीय या आर्थिक इतनी खास नही पर इन्सानियत के तौरपर जरूर सारी मदद की। मुझे उठाना, बिठाना, चलाना, मेरे लिये उपर-नीचे भागदौड करना, मेरे लिये दवाईयाँ लाना आदी। उस वक्त उन्होंने मदद की थी। कुछ भी हो, आखिर मेरे दिदी समिक्षा और मैं बचपन में उन्ही के कंधोपर खेलकर बडे हुये है। रात में चाचा रविंद्र घर जाते थे। तो रात के लिये मेरे पापा फोन करके मिलींद और चंद्रमनी चाचाओं को मेरे पास बैठने के लिये बुलाते थे। मेरे पापा और मम्मी को नींद और आराम मिलना जरूरी था। मेरे पापा सुबह-शाम दिनभर उपर-नीचे भागदौड करते थे और मेरी मम्मी मेरी देखभाल, मुझे खिलाना, पिलाना करती थी। रातको मेरी मौसी

सुरेखा के.ई.एम. अस्पताल आती। मेरी मम्मी को इससे थोडा हौसला मिलता था। पुरे दिन मेरे पीछे मेहनत कर मेरे मम्मी-पापा थक जाते थे। जब रात को आराम करते तो उन्हें जल्दी से नींद लगती थी। पर वे नींद मे भी जागृत रहते थे। एक बार नींद में मम्मी को एहसास हुआ की, मुझे प्यास लगी है और मैं ''पानी-पानी'' चिल्ला रहा हूँ। बाहर के गॅलेरीसे मम्मी तुरंत उठकर वॉर्ड में मुझे देखने आयी। देखा तो मैं पानी ! पानी ! फुसफुसा रहा था। मेरे दोनों चाचा बाजू में बैठे थे, पर उन्हें भी दिनभर की थकान से नींद लगी थी। मेरी मम्मी आयी और वो दोनों भी जाग गये। फिर एक चाचाने मेरी गर्दन के नीचे हाथ डाला और दुसरे चाचाने थोडासा पानी मुझे पिलाया। मुझे हर वक्त प्यास लगती थी, क्योंकी मैं बडी मात्रा में नमक खा रहा था, ताकी मेरे शरीर में नमक (सोडीयम) स्तर बढे। कई ऐसे किस्से तब हो रहे थे। एक बार डॉ. अमित माहोरे सर मुझे देखने आये, और मुझे देखकर मेरे पापा से कहा, ''ये तो बच गया। यह लकी है। और ये तो चमत्कार है।'' डॉ. अमित माहोरे सर के इन शब्दों से मुझे यह पता चला की यह मेरा दूसरा जन्म है। कुछ सोचू इतनी भी मेरी अच्छी तबियत, परिस्थिती और अवस्था नहीं थी। मुझे दिखायी नही देने के कारण मेरी सुनने की शक्ती तेज हो गयी थी। मुझे थोडा आवाज भी शोर लगता था। मेरी मम्मी धीरे से बात करती थी, पर मैं उतना आवाज भी बर्दाश्त नही कर पाता था। बहुत बार मैं छोटे शब्द बोल नहीं पाता था। मेरी बोलने की क्षमतापर भी बहुत असर हुआ था। मेरी जबान भी भारी हो गयी थी। इस कारण कोई शब्द भी बोलने नही जमता था। और फिर मैं चिडता था। तो सबको इशारे से ''धीरे बोलो'' ऐसे कहता था। मेरी हालत एक छोटे बच्चे की तरह हो गयी थी। मेरे पापा हर वक्त डॉ. अमित माहोरे सर से पूछते, ''सुहास की नजर कब ठीक होगी? उसे दिखने कब लगेगा? उसकी आँखों की रोशनी कब लौटेगी?'' तब उन्होंने दो-तीन बार जवाब दिया, ''बार-

बार पुछकर मेरे दिमाग का दही मत करो, बोला ना धीरे-धीरे होगा !''ये सच था मुझे कुछ भी दिखाई नही देता था, इसलिये मुझे के.ई.एम्. अस्पताल का और उन 9 महिनों का कुछ भी याद नही है। यह सब बाद में मैंने मेरे पापा, मम्मी, मेरी दिदी समिक्षा और बाकी सबसे मालूम किया और सुना। मेरे पापा ने एक महत्वपूर्ण निर्णय किया था की जबतक मेरी तबियत और मैं खतरे से बाहर ना हो तब तक मुझे अस्पताल में ही रखेंगे। इस बारे में डॉ. अमित माहोरे सर से बात की। उनका और उनकी पुरी टीम का दिन-रात 24 घंटे उनके सभी पेशंटो और मेरी अवस्था, तबीयत पर बारीक ध्यान था। अभी मुझे उठाकर बिठाते, पर मेरी दोनों तरफ से पकडना पडता था। मेरी शरीर बुरी तरीके से प्रभावित हुआ था। मेरा अपनी जबान और मुखर तार (वोकल कॉर्ड) (गला) पर का नियंत्रण खो गया था। मेरी जबान भारी होने की वजह से मुझसे शब्द नही बोला जाता था। मुश्किल से ''अ'' ''अ'' ''ब'' ''ब'' कह रहा था। मैं खुद के काम नही कर सकता था, क्योंकी मेरी नजर नही थी, मेरी याददाश्त (स्मृती) नही थी, मेरे शरीर का संतुलन नही था। मैं पुरी तरह से दुसरों पर निर्भर हो गया था। वह ट्यूमर (गांठ) बिलकुल गर्दन और रीढ जहाँ मिलते है वहाँपर मिड ब्रेन मे थी। वहाँ तक पहुँचने के लिये मेरी आँखे, कान, गला और कई अवयवों की नसों को, जिन्हें ब्रेन नियंत्रित करता है, जो नसें ब्रेन मे होती है, वहाँ एक मार्ग बनाया गया था। उनका त्याग करना अत्यावश्यक था, ताकी मेरी जान बच सके। उस ट्यूमर का नाम था ''टेकटल प्लेट ग्लायोमा पायलो सायटीक अॅस्ट्रोसायटॉमा'' "WHO Grade-I"। यह पीनियल एरीया और पीनियल बॉडी के पास था। हम आम भाषा में इसे ट्यूमर या गांठ कहते है। आगे हमें ढेरों अनुभव होते गये। मुझे 20 दिनों के बाद डिसचार्ज मिलनेवाला था। पर मेरे पापा के मन में कुछ अलग ही था। उन्होंने सोचा की मेरी ऐसी हालत में मुझे अस्पताल से ज्यादा दूर न ले जाते हुये, मुझे

माहिम के घरपर ही ले जायें। अगर मेरी तबियत अचानक बिगड गयी तो तुरंत मुझे के.ई.एम. अस्पताल लाया जा सके। ये विकल्प अच्छा तो था, पर वहाँ शौचालय (टॉयलेट) सार्वजनिक और बाहर था। यही एक बडी समस्या थी। मेरे मम्मी, पापा ने वॉर्ड में शुक्रिया मानकर और मुझे लेकर हम बाहर निकल गये। मुझे बांद्रा ले जाया गया। चाचा रविंद्रने सरकारी वसाहत बान्द्रा (पूर्व) में बिल्डींग नं. 9 और बिल्डींग नं. 10 तथा न्यू इंग्लीश हायस्कूल के सामने जो सरकारी गेस्ट हाऊस था वहाँपर एक कमरा भाडे से लिया था। के.ई.एम. अस्पताल, मिरा रोड की तुलना में बान्द्रा से ज्यादा नजदीक था। टॉयलेट की सुविधा अंदरही होने की वजह से और मुझे आसान होने के लिये, यह विकल्प मेरे पापा को ठिक लगा। मुझे आराम हो, यही उनका सोचना था। मुझे टॅक्सी से बान्द्रा लाया गया। मुझे वहाँपर आराम से तो रखा गया था पर मेरी शारिरीक परिस्थिती, तबीयत ज्यादा चिंताजनक थी। दिन-रात तीनों की मुझपर, मेरी तबीयतपर नजरे टिकी हुई थी। जिस वजह से मेरी मम्मीने चाचा रविंद्र को अस्पताल में डांटा था, वही वजह, वही मुद्दा मेरी जान बचाने के बीच उस वक्त बनाकर लाया गया था। चाल के रुम्स को मेरे पापाने अपने पैसे लगाकर दादी और चाचा रविंद्र ने मेहनत कर बनाया था। उसके बदले में अब इमारत में SRA अंतर्गत रूम मिलनेवाले थे। जानबुझकर प्रॉपर्टी पर हक जताने के लिये झगडे किये गये। मेरे तीनों चाचा और दादी में गाली गलोच, झगडे कई बार हो रहे थे। मेरी तबीयत और सेहत की सुरक्षा लेने के लिये पापा को मुश्किल हो रहा था। मेरे पापा फिर भी जागृत रहते थे। मुझे खिलाना, पिलाना, मेरी दवाईयाँ, मुझे चलाना, मुझे टॉयलेट ले जाना, पेशाब को ले जाना, ऐसे कई कठिनाईयों का मुकाबला कर रहे थे। मेरे पापा मम्मी खुद मेरे साथ रहकर, अकेली दिदी को मिरारोड के घर जाकर सफाई करने और पानी भरके रखने के लिये भेजा था। तभी मेरे कराटे के कोच प्रवीण सर और उनकी साली

खुशबू मुझे देखने आये थे। उसी दिन मैंने एफ्.एम्.रेडिओपर शम्मी कपूर के निधन की खबर सुनी थी। यह बात मैंने मेरी मम्मी, मेरे पापा और मेरी दिदी समिक्षा को बतायी। मोबाईल फोन में जो एफ.एम. था, वही मेरे मनोरंजन का एकमात्र माध्यम था। मुझे गाने सुनना बहुत पसंद है। ऐसी नाजूक तबीयत में भी मैं उन्हें सुनता था। कई बार मैंने चाचा रविंद्र को मेरेलिये टी.व्ही. और केबल का प्रबंध करने के लिये कहा। पर उन्होंने ......सिवाय कुछ नहीं किया। एक दिन मेरे बचपन का दोस्त महेंद्र सकपाल (मया) मुझे देखने गेस्ट हाऊस आया था। उसको उसके परिवार से मेरी तबियत की जानकारी मिली थी। जब वह मुझसे मिलने आया, तभी बिना पूछे ही सीधे दरवाजे से अंदर मेरी ओर बढा। उसे मेरी ओर आता देख, मेरी मम्मीने उसे रोका। ''कौन हो आप? क्या चाहिए आपको?'' ऐसे मेरी मम्मीने उसे पूछा। ''मैं मया हूँ।'' उसने दो-तीन बार जब बताया, उसके बाद मेरी मम्मी को याद आया। उसका जुडवा भाई ''संजय सकपाल'' मुझे देखने के.ई.एम. अस्पताल आया था। मेरे पापा, मम्मी और दिदी समिक्षा ने ऐसा कई किस्से बादमें मुझे बताये। परिवार का प्रॉपर्टी का मुद्दा उस वक्त चरमसीमा पर पहुँचा था। उससे परेशान होकर मेरी मम्मी और दिदी समिक्षा मिरारोड के घर सफाई कर और पानी भरकर बान्द्रा लौट आयी। अगली सुबह 15 अगस्त 2011 को टॅक्सी से मुझे पापा, मम्मी और दिदी समिक्षा ने मुझे मिरा रोड हमारे घर लाया। ''आखिर अपना घर अपना होता है।'' घर आने पर तब तक मुझे थोडा बहुत आँखो से देख पा रहा हूँ, ऐसे मुझे लगता था। कई शब्द बोलने की कोशिश करता था, पर मुझे जमता नही था। फिर भी मैं कई सवाल पूछ रहा था की, ''क्यूँ हम निवाते सर के घर में हैं? अभी भी पेशाब की बॅग (युरिन बॅग) मुझे लगाई गयी थी। मुझे उल्टीयाँ भी होती थी। मेरी नजर भी आनी बाकी थी। मेरे शरीर का संतुलन (बॅलेन्स) आना भी बाकी था। मैं लकवाग्रस्त था। मैं पुरी तरह बिस्तरपर

ग्रस्त था। मैं अबतक असुरक्षित था। मैं बेचैन था। ऐसी अवस्था में भी मेरे पापा मम्मी को पकड़कर मैं चलने का प्रयास और अभ्यास कर रहा था। लेकिन वे ही मुझे चला रहे थे। यह इसलिये था, डॉ. आमित माहोरे सरने कहाँ था, ''सुहास को खिलाओ और दिनभर चलाओ।'' ''इसे दिन में चार बार उबाले हुये बैदे नमक के साथ दो। दही के साथ नमक भी देना। ''वो भी दिन में चार बार एक-एक ग्लास दही और 3-4 टी-चम्मच नमक।'' इसके शरीर का नमक कम हो गया तो ये बेहोश हो जायेगा। ''उसे दिनभर खिलाओ और चलाओ।'' डॉ. अमित माहोरे सर का मेरे पापाने मार्गदर्शन का इस्तेमाल कर मुझे बहुत चलाया। मेरी दिदी समिक्षाने मैं कैसे ''चल रहा था'' इसका विडीओ निकालकर डॉ. अमित माहोरे सर को दिखाने के लिये भी रखा था। चलने के दौरान मेरे पैरों में ज्यादा अंतर रहता और मैं दोनों पैर फैला कर चलता था। तो जब हम फॉलोअप के लिये के.ई.एम. अस्पताल टॅक्सी से गये, तब मुझे ऐसा चलता देख वो बोले, ''एक सीधी लाईन पकडकर चलो।'' तो मैं उस तरीके से प्रयास कर चलने लगा। पर वैसे चलना मेरे लिये मुमकीन नही हो रहा था। दिन गुजरते गये। मेरी मम्मी 24 घंटे मेरी देखभाल करती रहती थी। पहले मेरे मम्मी मेरी बूढी बिमार नानी से मिलने बाजूके बिल्डींग में दिलीप मामा के घर जाती थी। पर अब मेरा तिसरा और काफी बडा ऑपरेशन होने के बाद मेरी मम्मी को खुद की माँ से भी मिलने जाना नही हो रहा था। ऐसे में मेरी नानी की तबीयत और भी खराब हो गयी थी और नाजूक बन गयी। ऐसी हालत में उसे माहीम में ज्ञानदेव मामा के यहाँ ले जाया गया। पर वहाँ उनका निधन हो गया। पुरे परिवार और खासकर मेरी मम्मी पर दुखोंका पहाड जैसा गिरा था। मेरी मम्मी भावनाओं से पूरी तरह टूट गयी थी। हम सभी को दुख हुआ था। मैं सोच भी नहीं सकता, मेरी मम्मी की क्या स्थिती हुई होगी। उस दिन मेरी दिदी समिक्षा सुबह कॉलजे से माहीम गयी। वहाँ मेरी नानी को उसने

आखरी बार देखा। उसका दर्शन लिया। नानी के पैरों को हाथ लगाकर। फिर वह मेरी देखभाल के लिए मिरा रोड लौट आयी। मेरी दिदी समिक्षा घर आते ही मेरे पापा मेरी मम्मी को माहीम लेकर गये। मेरी मम्मीपर मेरी जिम्मेदारी थी । और उसे निभाना जरूरी भी था। अपनी माँ के निधन का दु:ख अपने मन में दबाए हुये उसका अंतिम संस्कार होने के बाद मेरी मम्मी उसी शाम पापा के साथ मेरे लिये वापस मिरा रोड के घर लौट आयी। ये सारी घटनाएँ मुझे धुंदली सी ही सही; पर थोडी थोडी याद है। उस वक्त थोडीसी मेरी मेमरी (स्मृती) और नजर अच्छी हो रही थी। मेरी मम्मी का दुख बहुत बडा था। अपने माँ-पिता की थोडी सेवा करने के अलावा मेरी मम्मी उनके लिये कुछ कर नही पायी, यह बात उसे बहुतही तकलीफदेह रहेगी। पर सारे गमोंको भूलाकर मेरी मम्मी रोज की तरह मेरी देखभाल और अपने घर के कामकाज में व्यस्त होती थी। कई बार मैंने मेरी मम्मी को आँखों में आँसू भी देखे, उनकी आवाज से ही पता चल जाता था की उनका मन गम से भरा था। मैं बेडपर रहता था। पेशाब पॉट में मैं पेशाब करता था, । मुझे चलने में दिक्कत होती थी, इसलिये दिन में पॉट इस्तेमाल और रात में युरीन बॅग लगाकर सोता था। टॉयलेट लेकर जाना यह सारे काम मम्मी भी मेरे पापा के साथ करती थी। नानी के निधन के 13 दिनों के पश्चात जो संस्कार और अनुष्ठान थे, उनके लिये भी मेरी मम्मी मेरे पास मेरे दीदी को रख कर थोडे समय के लिये पापा के साथ माहीम गयी और जल्दी वापस सिर्फ मेरे लिये आयी थी। ये सच है की, औरतों, माताओं का मन कितना गहरा होता है, यह कोई नही जानता। दोनों तरफ से उसपर संकट आये थे। इस सब में मेरे पापा और मेरी दिदी समिक्षा ही मेरी मम्मी को भावनिक और मानसिक आधार दे रहे थे। मेरी तबीयत में दिन-ब-दिन सुधार हो रहा था, यह एक अच्छी बात थी। पर इन दिनों में मुझे चलाना बिलकुल बंद हो गया था, और थम गया था। इस वजह से

हायड्रोसेफॉलस (पानी) मेरे सीर के पीछे (ऑपरेशन किया वहाँपर खाली जगह बन गयी वहाँ) धीरे-धीरे जमा हो गया था। इस वजह से मेरे सिर का पिछला हिस्सा पानी जमा होने की वजह से गुब्बारे की तरह फूग गया था। इसके बारे में हमें कुछ पता नहीं चला, समझ नहीं आया। तो फिर हमने डॉ. अमित माहोरे सर से मिलने का निर्णय लिया। सुबह टॅक्सी से हम परेल के.ई.एम.अस्पताल गये। वहाँ पहूँचकर हम डॉ. अमित माहोरे सर से मिले। उन्होंने मुझे देखा, मुझे जाँचा और ''सब ठीक हैं, ऐसा ही चलने दो'' ऐसे कहाँ। मेरे सीर के पीछे उन्होंने देखा और कहाँ, ''इसकी शंट ठीक से काम नही कर रही है। (नली जो ब्रेन से पेट तक पानी जाने के लिये डाली थी) आगे देखते है इसका क्या कर सकते हैं। हम सब फिर से डर गये थे। उन्होंने कहाँ ''कितनी बार इसका ऑपरेशन करेंगे।'' इस बार के लिये हमें उन्होंने वापस घर जाने के लिये कहाँ। हम चिंता में नीचे आये और अस्पताल की कॅन्टीन में बैठ गये। मेरे पापा मेरे लिये मोसंबी रस लाने बाहर गये। मैं मन से दृढ़ था, मजबूत था। मैंने मन में इच्छा व्यक्त की की इस समस्या पर जल्द ही कोई हल निकल आयेगा। अगले पल डॉ. अमित माहोरे सर ने फोन किया। मेरी मम्मी ने फोन उठाया। उन्होंने पूछा, ''आप लोग कहाँ हो अभी?''मम्मीने जवाब दिया, ''हम अस्पताल के कॅन्टीन में ही बैठे हैं।'' ''सुहास को लेकर तुरंत 10 नंबर वॉर्डमें ले आओ।'' ऐसे डॉ. अमित माहोरे सरने कहाँ। हम फीर चिंतित हो गये। मेरे पापा भी आ गये थे। हमनें उन्हें, डॉ. अमित माहोरे सर के फोन पर हुई बाते बताई। वे बोले, ''पहले खाओ, पानी पिलो, फिर हम जायेंगे। मैंने मोसंबी का ज्यूस जल्दबाजी में पाँच मिनट में ही पी लिया था। मेरे पापा, मम्मी और दिदी समिक्षा ने भी सिर्फ चाय पी थी। हम फिर 10 नंबर वॉर्ड वापस गये। वहाँ जाते ही डॉ. अमित माहोरे सर हमें देखकर कहने लगे, ''अच्छा हुआ तुम वापस आ गये। इसके सीर का पानी अभी इसी वक्त निकाल देंगे।'' पर हाड्रोसेफॅलस

(पानी) कैसे निकालेंगे ये हमे पता नही था। उन्होंने कहा, ''तुझे हम पगडी पहनायेंगे, तुझे पहननी पडेगी।'' ये सुनकर की पगडी पहननी है, मैं खूष हो गया था। मुझे बेडपर बिठाया गया। मैं निडरता से पापा को पकडकर बैठा था। डॉ. अमित माहोरे और उनकी पुरी टीम मुझे घेरकर मेरे बेड के पास खडी थी। डॉ. अमित माहोरे सर ने कहाँ, ''इंजेक्शन और सिरिंज सुई सिर में डालकर तेरे फुगी जगह से सिर का पानी निकालनेवाले है।'' ये सुनकर पलभर के लिये हम चारों का दिमाग खाली हो गया था। मेरी मम्मी मेरी बेड से दूर अंतरपर जा खड़ी हो गयी थी। मेरे दोनों हाथों को पकड़ा गया था। टीम के एक डॉक्टरने मेरे सीर के पीछे दवाई लगाई (स्पिरीट)। दुसरे डॉक्टरने एक बडी सिरींज सुई मेरे सीर के पीछे से अत्यंत सावधानीसे अंदर घुसाई। मुझे इतना दर्द हुआ, वह मैं शब्दों मे बयान नही कर सकता हूँ। उस सुई को सिरींज इंजेक्शन लगाकर वे सुई को बाहर निकाले। इस तरह चार-पाँच बार अंदर से पानी खिंचकर बाहर निकाला। मैं पुतला होकर बैठा था, क्योंकी मुझे डॉ. अमित माहोरे सरने बिना हिले-डुले बैठने के लिये कहाँ था। यह सब अत्यंत सावधानीपूर्वक सुई को मेरे ब्रेन से दूर रख कर किया गया था। ब्रेन को छुये बिना सुई से पानी बाहर निकाला जा रहा था। पानी निकाले जाने के बाद सुई मेरे सिर से बाहर निकाली गयी। अब मेरे सिर का फुगा चला गया और वो अंदर की तरफ हो गया। अब मेरे सिर में से अतिरिक्त जमा पानी निकाला गया था। उस समय से यह उपाय काम कर गया था। अब मेरे सिर को बँडेज बाँधकर सिरपर से गोल पगडी बाँधी गयी। वैसेही जैसे हिंदी फिल्म ''जीत'' में सन्नी देओल ने बांधी थी। मेरे सिर के पीछे जहाँ पानी जमा होता था, वहाँपर बांधी गयी थी। फिर हमें घर जाने के लिये बोला गया। मेरे पापाने फिर टॅक्सी का इंतजाम किया । हम चारों सीधे मिरारोड घर आये। मुझे सफर में कई बार पेशाब कि लिये जाना पडा। ''एपटॉईन'' नाम की गोली ब्रेन सर्जरी हुये मरिजों

को दी जाती है। यह जिन्हें फिट की समस्या है उनको दी जाती है। मुझे फिट आनेकी समस्या नही थी, पर फिर भी मुझे वो गोली खानी पड रही थी। मैं धीरे-धीरे अच्छा हो रहा था, मेरी तबियत में सुधार दिख रहा था। मेरे पापा, मम्मी और दिदी समिक्षा को मेरा सबकुछ संभालना था। घरपर बेड को पेशाब की थैली अटकायी हुयी थी। रातको सोते समय, पापा मुझे पेशाब की थैली से कन्डोम कॅचर लगा देते और फिर मैं रात को सो पाता। सुबह, दोपहर, शाम और रात को एक दिनमें चार उबले अण्डे और नमक खाने होते थे। तीन से चार बार एक-एक ग्लास दही चार चार चम्मच नमक के साथ खाना पडता था। दिन में 750ग्रॅम से 1 किलो दही और नमक खाता था। मैंने अब सुबह का नाश्ता, दोपहर और रात का खाना शुरु किया था। नाश्ता तो साधा होता था पर दोनों समय के खाने में चार-चार भाकरी, सब्जी, दाल और चावल मैं खाता था। मसालों की कोई भी चीजें नही खा रहा था। फिर भी मेरे कुल्होंपर फोडे आने शुरु हो गये। अब उससे खून बहना भी शुरु हो गया। यह सभी तकलीफों के बारे में पापाने डॉ. अमित माहोरे सर को बताया। तब फिर एक समस्या की शुरुआत हो गयी थी। उन्होंने मेरे पापा से पूछा, ''सुहास को कौनसी दवाई शुरु है? पापाने कहाँ दिन में दो बार 'एपटॉईन'। उन्होंने कहाँ, ''वह गोली बंद कर दो''। अबतक फोडा फूटकर जमीनपर खून बह रहा था। ये देखकर मेरी दिदी समिक्षा बहुत रोयी थी। इन फोडों के इलाज के लिये डॉ. अमित माहोरे सरने पापा को मुझे मिरा रोड में ही किसी अच्छे स्कीन के विशेषज्ञ (डर्मोटोलॉजिस्ट) को दिखाने के लिये बोला। शीतल नगर, एम.टी.एन.एल. के पास डॉ. प्रमोद भंडारी त्वचा के विशेषज्ञ थे। मेरे पापा तुरंत वहाँ गये और अपॉइन्टमेंट लिया। रिक्षा से मेरे मम्मी पापा मेरी फाईल लेकर मुझे वहाँ ले गये। क्लिनिक में सभी लोग मुझेही देख रहे थे। एक-दो बार मुझे पेशाब भी हुई। मैंने मेरे पेशाब के बर्तन में (युरीन पॉट) में बाहर जाकर

पेशाब की और पापा वह दूर नाले में फेंक कर आये थे। हमारा नंबर आया। मुझे मम्मी, पापा पकडकर अंदर केबिन में डॉ. प्रमोद भंडारी के पास ले गये। अभी मुझे थोडा साफ दिखाई देने लगा था। मुझे और मेरी स्थिती को देखकर, मेरी फाईल देख और मेरी केस हिस्ट्री (मेडीकल का इतिहास) मेरे पापा से सुनकर डॉ. प्रमोद भंडारी चौंक गये। उन्होंने मेरे फोडे को आवर्धक कांच (मॅग्नीफाईंग ग्लास) देखकर मुझे जाँचा। फोडे के इलाज के लिये गोलियाँ, क्रीम और साबून की पर्ची लिखकर दिया और 10 दिनों बाद फिर दिखाने के लिये कहाँ। यह ट्रिटमेन्ट मुझपर जल्द ही सकारात्मक हुई। धीरे-धीरे हमें समझ में आया मुझे क्या खाना देना है और क्या नही देना है। कौनसे खाने से मुझे एलर्जी होती है, ये हमें अनुभवोंसे समझमें आया। टाटा अस्पताल में मेरे तिसरे ब्रेन ऑपरेशन की खबर मिली। हम चारों फॉलोअप को टाटा अस्पताल गये। हम डॉ. राकेश जलाली सर के सामने बैठे थे। कई बार मैंने मेरे मम्मी, पापा और दिदी समिक्षा से पूछा था कि, तिसरे ऑपरेशन से पहले मेरी तबीयत ज्यादा चिंताजनक क्यूँ हुयी थी। उस दौरान मैंने ''मक्का'' खाने की वजह से मुझे ज्यादा दस्त हुये और मेरी तबीयत बिगडी ऐसे मैंने एक बार मेरे पापा से सुना था। यही बात डॉ. राकेश जलाली सर को बतायी तो वो हँसने लगे। वह कहने लगे, ''ट्यूमर मक्का खाने से नहीं बढता है। यह मेरी गलतफहमी थी, ऐसा अब मुझे लगता है। डॉ. राकेश जलाली सर ने मेरी शंट रिप्लेसमेट सर्जरी (नली बदलने का ऑपरेशन) करने को कहा था। डॉ. राकेश जलाली सरने मेरे पापा से पूछा, ''शन्ट सर्जरी 10 मिनट की होती है। क्या मैं के.ई.एम. अस्पताल के डॉ. दत्तात्रेय मुजूमदार सर को बोलू?''तुरंत ही मेरे पापा ने उनसे ''हम सोचकर फिर आपसे संपर्क करेंगे'' ऐसे बताया। मेरे पापाने हमें एक महत्वपूर्ण बात बतायी थी। ''के.ई.एम. अस्पताल के डॉक्टर्स की बाते टाटा अस्पताल के डॉक्टर्स को बताना इसका मतलब दोनों के बीच

गलतफहमी या झगडा लगाना है। यह समझकर पापाने केवल अत्यावश्यक बाते बताना ठीक समझकर किसी एक डॉक्टर की बात दूसरे डॉक्टर को बताना सही नही समझा। डॉ. अमित माहोरे सर ने हमें एकही डॉक्टर से ट्रिटमेन्ट फॉलो करने की सक्ती बरतने बोला था और उसपर विश्वास और भरोसा रखने के लिये कहा था। इस बात को ध्यान में रखकर मेरे पापाने डॉ.अमित माहोरे सर, के.ई.एम.अस्पताल के मार्गदर्शन से ही चलने का निर्णय लिया। उन्होंने मेरे सिर से इंजेक्शन से पानी निकाला था। अब मेरी शन्ट की नली फिर काम करने लगी। क्योंकी सिर पगडी से बांधकर भी रखा था। जब हमने एम.आर.आय. करके डॉ. अमित माहोरे सर को दिखाया, तब पता चला की पहले मेरी शन्ट की नली जो 50% चल रही थी, वो अब 75% से ज्यादा चल रही थी। इस तरह मेरा चौथा ब्रेन ऑपरेशन टल गया। हम सब खुष हो गये थे। हमारे रिश्तेदार मुझे घरपर देखने को आने का प्रयास कर रहे थे। मेरे पापा की वजह से वे टालते रहे। पापा कहते थे, ''एक बार किस-किसके पास ध्यान देंगे? मेहमानों पर ध्यान देंगे या मेरी देखरेख करें?'' इस चिंताजनक स्थिती में उन्होंने एक महत्वपूर्ण निर्णय किया था। फिर खांदेश्वर से बुआ शेवंती और उनके पती सिद्धार्थ, महेंद्र चाचा, कल्पना चाची, सोनू बाबा, सरस्वती आई (दादी), विकेश (दादू), आरती भाभी, बिपीन (भाऊ), राकेश, घाटकोपर से सुनील चाचा और सारीका चाची मुझे देखने आये। तो उनके खाने-पीने का इंतजाम मेरे पापाने चाचा मिलींद जो बाजू के बिल्डींग में रहते है, वहाँपर करने को कहाँ। कई रिश्तेदार भी मुझे देखने आये और मेरी नाजूक अवस्था देखकर परेशान होते थे। मेरे पापा, मम्मी और दिदी मुझपर और मेरी तबियतपर 24 घंटे ध्यान रखते। कई बार ज्यादा खाना खाने से भी मुझे उल्टी होती थी। कुछ भी हो, खाते-पीते रहो, उल्टी हो या दस्त खाते-पीते रहना है'' यह डॉ. अमित माहोरे सर के मार्गदर्शन पर हम चलते गये। कई बार एक

दिन में मुझे तीनों भी चलाते थे और मेरा चलने का अभ्यास होता था। मैं भी उनकी बातों की योग्य प्रतिक्रीया देते हुये चलता था। कभी-कभी तो चलने के लिये कंटाल जाता था। मेरी नजर भी थोडी सुधर गयी थी । मुझे कुछ हद तक दिखाई देता था। फिर मेरे पापा के प्रिय मित्र श्री. प्रकाश निवाते सर ने मुझे एक फिल्म की सी.डी. देखने के लिये दी। मैंने उनसे नही पूछा की यह कौनसी फिल्म की सी.डी. देखने के लिये दी है, पर उन्होंने मुझे यह सी.डी. गौरसे देखने और अच्छे से सुनने के लिये बताया। उन दिनों मैं टी.व्ही. देखने लगा, पर टी.व्ही. के नजदीक बैठकर ही मुझे दिखता था। एक मजेदार बात यह थी की, मुझे रातो के बीच में भी भूख लगती थी। इसलिये मेरी मम्मी कुछ खाना मुझे रात के बीच में खाने के लिये रखती थी। मुझे नये-नये प्रकार के व्यंजन खाने की इच्छा होती थी। पर मेरे पापाने मेरी तबीयत की वजह से नये-नये प्रकार के खाद्य पदार्थ खाने को टालने को कहाँ था। मैं पापा की बात को भी सुनता था। उन्हें भी मुझपर दया आती थी। तभी पापा वह पदार्थ सिर्फ चाखने इतना कोई पदार्थ देते थे। रात के बीच में जब मुझे भूख लगती थी, तभी मैं केलेके चिप्स भी खाने लगा। इसके अलावा सींग, गुड की चिक्की भी खाता था। लेकिन मैं चॉकलेटस् खाना टालता था, क्योंकी कभी वो आराम से पचते थे, पर कभी-कभी उन्हें पचाने में मुझे कठीनाई होती थी। इसलिये मैं वही पदार्थ खाने लगा जो मैं पचा सकूँ। डॉ. अमित माहोरे सरने कहाँ था, ''इसे खिलाओ, पिलाओ और चलाओ।'' उनके यह बोल हमने ध्यान में रखें और सक्ती से उनका पालन कर अपनी गलतीयों और अनुभवों से सींखते गये। मैं शब्दों को स्पष्ट और आसानी से कह या बोल नही पाता था। ब्रेन के ऑपरेशन की वजह से मेरे अवयवों और पुरे शरीरपर परिणाम हो गया था। मेरे शरीरपर से मेरा नियंत्रण हट गया था। पर आत्मनिर्णय आत्मशक्ती, आत्मइच्छा की वजह से मैं सारी बाधाओं को आसानी से दूर कर सका। यह सब मैं अपनी 12 साल से

भी ज्यादा कराटे की प्रॅक्टीस, अभ्यास के बलपर ही कर पाया। मुझमें दर्द के असर को सहने की शक्ती और उसका प्रतिरोध करने की शक्ती होने की वजह से यह सब मैं बर्दाश्त कर पाया। पर कभी-कभी मैं अपने मनसे टूट जाता था, मुझे डर भी लगता था। लेकिन मेरे मम्मी, पापा और दिदी समिक्षा इन सभी के चेहरों को देखता तो मुझे यह महसूस होता की, यह सब मेरी जान बचाने के लिये लड़ रहे है, तब मुझे भी स्फूर्ती आती थी। अगर गिरा हुआ इन्सान खडे होने को खुद हीं तैयार नहीं है, तो उसको जबरदस्ती से कोई मदद नही कर सकता। यदी अपने अंदर आत्मबल, सही इच्छा शक्ती हो, तो हम हर मुसीबत का मुकाबला कर सकते है। यही मैने सिखा है। कई मजेदार वाकिये मेरे साथ हुये है। मैं बोलने एक शब्द जाता था और मेरे मूँह से दुसरा ही शब्द निकलता था। एक बार मैं खांटपर बैठकर खाना खाकर, गोली लेने के लिये थोडा मुडा, तब मेरा संतुलन खो दिया और मैं बेडपरही लेटे हुये गिर गया। पर उस वक्त मैने एक अच्छा काम किया था की, गिरते हुये मेरे हाथ में पानी भरा हुआ ग्लास था उसे मैंने संभाला। उस ग्लास से पानी का एक बूँद भी बेडपर गिरने नही दिया। जब मेरे पापा, मम्मी और दिदी समिक्षा मुझे कॉम्पलेक्स (कॉलोनी) में चलाने के लिये लाते थे, सारे लोग मेरी स्थिती, तबीयत और मुझे ठीक करने के लिये जो परीश्रम और कष्ट उठा रहे थे वो देखकर सारे अचंबित रहते थे। उनके मनमें मेरे लिए और मेरे पापा-ममी के लिए करूणा आती थी। मुझे चलने का प्रयास करता देख, क्रिकेट खेलनेवाले बच्चे और बड़े लड़के रूक जाते और मेरा चलने का अभ्यास पुरा हो जाने के बाद मैं घर जाने के बाद खेल शुरु करते थे। उन्हें सिर्फ एक बार बोला गया था। मैं खेकडे जैसे चलता था। दोनों पैरों के बीच चलते वक्त ज्यादा अंतर होता था। डॉ. अमित माहोरे सर ने एक लाईन में चलने का अभ्यास करने को कहाँ था। वैसे ही तीनों मुझसे करवा लेते। धीरे धीरे मैं ठिक तरीके से चलना सिख गया। आगे के

टाटा अस्पताल के फॉलोअप्स के दौरान डॉ. सविता गोस्वामी और डॉ. लेखिका मेरे अनेक प्रकार के आय.क्यू. (इंटलिजंट कोशंट) टेस्ट लेते थे। डॉ. अजय दुधानी, आँखों के एक्सपर्ट, जो सान्ताक्रुज में है, जिनके पास टाटा अस्पताल से भेजा था। यहाँपर मेरी आँखों और नजर की स्थिती की वो जाँच करते थे। मुंबई में कुछही बडे चुनिंदा अस्पतालों में ही मेरे जैसे मरिजों के आँखों की जाँच करनेवाली मशीन थी, जो उनके पास ही थी। नजर की पहुँच की जाँच करनेवाली यह मशीन में हमें ट्रिगर से अंक मारने होते है। मेरी एक आँख के उपर कापूसपर टेप लगाकर उसे ढ़ंक देते थे। मशीन के अंदर सामने बीचो-बीच एक छोटी लाल लाईट होती है। हमें बिनाइधर उधर देखे उस लाल लाईट के पास ही देखते रहना होता है। उसी वक्त अगर हमें उस मशीन के इर्दगीर्द हरी लाईट चमकी हुई दिखाई देगी तब हमें हाथ में जो ट्रिगर उसे दबाना होता है। इसके सारे अंक मशीन में लिख जाते है। वही प्रक्रिया मेरी दुसरी आँख के लिये दोहराई गयी। मुझे अपनी गर्दन को हनुवटी उस बॉक्स जैसे मशीन के अंदर स्टॅण्डपर रखनी पडती थी। इस टेस्ट के दौरान उस रूम की सभी लाईटस् बंद रखी जाती है। इस टेस्ट के नतिजों के प्रिन्टस् वहाँ की नर्स 'भारती सावंत' लेती थी। ट्यूमर के ऑपरेशन करते समय ट्यूमर तक पहुँचने के लिये आँखो की, नजर की नसों को काटना पडा था। इस वजह से मेरी दाँई आँख कमजोर हो गयी और ढिली हो गयी थी। इसी वजह से मेरी नजर हिलती थी और कानापन आया है। इसलिये वो टेस्ट करने थे। डॉ. अजय दुधानी सरने मेरी दाहीने आँख का लेझर ऑपरेशन करने की सलाह दी। पर कितनी बार हम ऑपरेशन का जोखिम उठाये और कितना पैसा खर्च करें? यह सोचकर पापाने डॉ. अजय दुधानी सर से कहा, ''हम इसके बारे में आगे देखेंगे''। उस दौरान मेरी उदास मानसिकता बन गयी थी। मेरे सारे दोस्त अपनी पढाई पुरी कर कामपर जा रहे थे। वे सभी एक-दुसरे से मिलते थे, पर मैं सबसे

अकेले हो गया था। मेरी यह स्थिती देखकर मेरी दिदी समिक्षा मेरे दोस्तों को मेरे जन्मदिन 6 मई पर बुलाती थी। जब वो आते थे, तभी मुझे जाने कहाँ से ऊर्जा आती थी और मैं उनमेंही घुलमिल जाता था। प्रशांत, निखिल, प्रथमेश, शिराज, रूपेश, दुर्गादास और अमित आते थे। मुझे देखने के लिये मेरी स्कूल की शिक्षिका ग्रेटा फारेल, एक बार मेरे घर आयी थी। उसके बाद मेरी रेणुका हरमलकर टिचर, उषा श्रीधर टिचर, सिबील फुटॉर्डो टिचर, लॉरिटा पिन्टो टिचर, सरीता वाझ टिचर, एनिड **लेमॉस** टिचर, ग्रेटा फारेल टिचर के साथ आये थे। वे सभी टिचर्स घर आये तभी मैंने उनके पैर छूँकर उनका आशिर्वाद लिया। हम सभीने मिलकर गाने भी गाये। मैं और मेरे पापा, मम्मी, मेरी शिक्षिका वसुधा घाग टिचर से मिलने उनके घरपर गये थे। उनकी उम्र होने वजह से वे मुझे देखने आ नहीं सकती थी। मैं जब बिमार हुआ तबसे अबतक मेरे कराटे के कोच और मेरे गुरु प्रवीण शुक्ला सर मुझसे मिलने आते है। मेरी सभी टिचर्स और गुरु इनका मुझसे अलग लगाव है। सारे मुझसे प्यार करते है और उन्हें मेरी फिक्र रहती है। मैं खूद को धन्य और भाग्यशाली महसूस करता हूँ। मेरी अच्छी सेहत के लिये शुरूआत से ही सभीने प्रार्थनाएँ की है, कष्ट उठायें हैं। मैं सभी का आजीवन आभारी रहूँगा। यह मेरा दूसरा जनम है। मैं बहुत से किस्से भूल गया हूँ और कुछ याद भी है। जो किस्से याद आये है वह मैंने लिखे हैं; कोशिश की है। और किस्से जैसे जैसे ही मुझे याद आयेंगे, वैसे मैं उन्हें लिखूंगा। कोशिश करते रहूँगा। मेरे के.ई.एम. अस्पताल के सर्जन डॉ. अमित माहोरे सरने भी हमें मेरे तबियत के बारे में कभी भी उन्हें फोन करने को और उनसे मार्गदर्शन लेने को कहा था। टाटा अस्पताल के मेरे डॉ. राकेश जलाली (रेडीओ ऑन्कोलॉजी एक्सपर्ट) सर ने ब्रेन ट्यूमर फाऊन्डेशन शुरु किया है। इसके माध्यम से अनेक गरीब, दरिद्री मरीजों का रेडीएशन का इलाज मुफ्त में किया जाता है। मेरे भी तीनों ब्रेन सर्जरी के.ई.एम.

अस्पताल मुंबई में हुयी और वह बी.एम.सी. (बृहन्मुंबई महानगर पालिका) का अस्पताल है। टाटा अस्पताल और के.ई.एम.अस्पताल दोनों जुडे हुये हैं, क्योंकी गरीब और महंगा खर्चा न झेलनेवाले मध्यम वर्गीय या गरीब लोग पहले के.ई.एम. अस्पताल जैसे अस्पताल में ऑपरेशन करके बादमें रेडीएशन के लिये टाटा अस्पताल में भेजे जाते हैं। राज्य सरकारी अस्पताल भी टाटा अस्पताल से जुडे है। बी.टी.एफ्. एक स्वतंत्र संस्था है। यहाँ हर साल आर्ट मेला, नाचने-गाने के सांस्कृतिक कार्यक्रम टाटा अस्पताल में होते है। यहाँ ठिक हुये मरीज, जिनकी ट्रीटमेन्ट जारी है, वे और उनके माता-पिता-रिश्तेदार इस कार्यक्रम में हिस्सा लेते हैं। मैंने इस कार्यक्रम में कई प्रेरणा देनेवाले, प्रेरीत करनेवाले गाने गाये हैं, जिसकी वजह से यहाँ आये लोगों को उत्साह मिला है। मरीजोंको और रिश्तेदारों को बल मिला है। ''लहरों से डरकर नौका पार नहीं होती, कोशिश करनेवालों की कभी हार नहीं होती'' ये कविता सुप्रसिद्ध माननीय कवी हरिवंशराय बच्चनजीने लिखी है।यह कविता बहुतही प्रेरणा देनेवाली है। मेरे पापाने मुझे कविता किस प्रकार से प्रस्तुत की जाती है इस बारे में मुझे बताया था और इसका अभ्यास भी करके लिया था। 2013 के बी.टी.एफ्. वार्षिक कार्यक्रम में मैंने इस प्रस्तुत किया था। सभी उपस्थित लोगों को यह पसंद आया था। सन 2010 में ऐसे ही कार्यक्रम में मुझे प्रसिद्ध संगीतकार सलीम मर्चन्टजी से मिलने का अवसर मिला। मुझे इसका फायदा यह हुआ की, मैंने उपस्थितियों में दो गाने गाये थे। बी.टी.एफ. के कार्यक्रम में डॉ. राकेश जलाली सर ऐसे अनेक बडी हस्तीयों को बुलाते है। इस वजह से यहाँ आनेवाले मरीज और उनके रिश्तेदार खुष होते हैं। उसी क्रायक्रम में प्रसिद्ध संगीतकार जतीन पंडीत अपने परिवार के साथ आये थे। उन्होंने यहाँपर गाने गाकर सभीका मनोरंजन किया। ISNO (Indian Society Neuro Oncology) Deewj ASNO (Asian Society of Neuro

Oncology) की 5 दिनों की परिषद मुंबई कुलाबा में ''हॉटेल ताज'' में रखी गयी थी। उन 5 दिन के परिषद में आखरी दिन सारे मरीजों और उनके परिवार को आमंत्रित किया था। कई बडे डॉक्टर्स उस परिषद में उपस्थित थे। न्यूरोबीयन फोर्टे नाम की गोली को बनानेवाले डॉ. डेनिस स्ट्राँग मॅन भी उपस्थित थे। सभी डॉक्टर्स सभी से मिलने आये। वे सब डॉ.राकेश जलाली सर के इस कार्य की वाह! वाह! कर रहे थे। मुझे यहाँपर आयोजित आर्ट मेला में चित्र निकालने की इच्छा नही थी क्यों की यहाँ की सभी सजावटे, मार्बल, इंजिनियर डिझाइनिंग, खाना, पिना, झूंबर, रोशनाई यह सभी सुविधाएँ देखकर मैं अचंबित हुआ था। वहाँ मैंने सबके सामने एक मेरा मनपसंद हिंदी फिल्म गबन का ''एहसान मेरे दिल पे तुम्हारा है दोस्तो'' गीत गाया। पापाने अपेक्षापूर्वक मेरी यह गीत गाने के लिये तैयारी की थी। यह गाना सभी के दिल को छू गया। जब मेरा गाना खत्म हुआ, तभी सारे लोगोंने मुझे घेरे में लेकर तालीयाँ बजाकर खूष हो रहे थे। डॉ. राकेश जलाली, टाटा अस्पताल और उनके साथी नयना मॅडम, जयश्री मॅडम, स्नेहा मॅडम, डॉ. शशिकांत चन्दनशीवे (पहले), डॉ. मानसी टाकले आदी पुरी टीम, सभी मरीज और उनके परीवारों का अच्छा, खास तौरपर खुशीयाँ महसूस करने के लिये कई सालों से कष्ट ले रहे हैं। 2014 के कार्यक्रम के दौरान टाटा अस्पताल में टी.व्ही. सिरीयल ''तारक मेहता का उल्टा चष्मा'' के कलाकार भिडे (भिडे) और दयाबेन (दिशा) आये थे। दयाबेन ने मेरे मम्मी से बातचीत की थी। स्लोवाकिया देश से ''ब्रानो पोलॉक'' नाम के व्यक्ती जो बी.टी.एफ. को मदद करते है, वे भी उसी दिन आर्ट मेला में हमसे मिलने आये थे। तभी डॉ. राकेश जलाली सरने खासतौर पर उनको मुझसे मिलवाया। उनको मेरे बारे में बताया। मैं आज भी इन्टरनेट के माध्यम से इ-मेल से उनसे संपर्क में हूँ। मेरे ही जैसा पूर्व मरिज ''आशीष कानेकर'' खेड, महाराष्ट्र से है। वो भी मेरा अच्छा दोस्त है और मेरे

संपर्क में है। कई मरीज जिनकी हालत कैसी और आज उन्हें अच्छा देख मुझे बहुत खुशी होती है। उनकी तबियत में एक सकारात्मक बदलाव दिखता है। कोई नौकरी, कोई बिझनेस करते हैं। आखिर यह सबका दूसरा जन्म है। ''उगम'' नाम के फाऊंडेशन में भी मैं सदस्य हूँ। पर मुझे उनके मिटींग्स में जाने में असमर्थता है। इस फाऊंडेशन के प्रमुखों में से डॉ. सविता गोस्वामी, सायकालॉजिस्ट टाटा अस्पताल भी है। एक ही बार मैं मेरे पापा के साथ उनके आमंत्रणपर ''उगम'' की मिटींग में गया था। वह परेल मुंबई में ही है। इतनी दूर सफर करना मेरे लिये मुश्किल था। मुझे संतुलन और नजर की समस्या है। इस वजह से मैंने दो निर्णय लिये। कॅन्सर से मेरी सफलतापूर्वक लड़ाई को ध्यान में रखकर ''दी व्ही केअर फाऊन्डेशन'' ने मेरा सत्कार मशहूर सिने कलाकार ''शेफाली शाह'' (सपने में मिलती है कूडी मेरी - सत्या फिल्म) के हाथों से किया। मैंने भी एक कविता की चार पंक्तीयाँ वहाँपर पेश की। आज भी मुझे एक से बढकर एक अनुभव मिल रहे हैं। मेरी पुरी जिंदगी आज बदल गयी है। ऐसे खतरनाक बिमारी से मुझे आधुनिक विज्ञान और डॉक्टरोंकी कडी मेहनत से बचाया ही नही गया, बल्की मुझे जिंदा और सुरक्षित भी रखा गया है। मेरे स्कूल के दोस्त चेतन नाईक और स्नेहा कुडतरकर मुझे देखने और मिलने मेरे घर आये थे। मेरे स्कूल की दोस्त संतोषी कदम भी मुझसे मिलने मेरे घर आयी। प्रणित धोपटे, रिषभ देसाई, विनय द्विवेदी, रूही शेख ऐसे कई दोस्त मुझे मिलने आ रहे थे।

जब मैं अपने आप उठ नही पाता था, तभी मुझे आवाज देकर रात को मम्मी, पापा और दिदी को नींद से जगाने के लिये नही होता था, तभी मैं अपनी उंगलीयों से चुटकी बजाता था, उसकी आवाज से तीनों में से कोई एक तुरंत जागता था।

इसी हालात में मेरी दिदी समिक्षा की शादी सन 2012 में हुई। मेरी तबियत थोडी ठीक है यह देखकर, मेरे पापाने मेरी दिदी की शादी करने का महत्वपूर्ण निर्णय लिया। इससे हम सभी के जीवन में नई खुशहाली, रौनक और खुषीयाँ आ गयी। 2015 मे मैं मामा बन गया। मेरा भाँजा कुमार अर्हत के साथ खेलते मै और खुषहाल होता गया। 2017 में मेरी शादी हो गयी। 2018 में मेरी पत्नी बेरहमीसे मुझे छोडकर चली गयी। मैं अकेला दु:खी शारीरिक और मानसिक तौर पर टूट गया। फिर भी मेरे पापा- मम्मी के साथ मैं धैर्य से जी रहाँ हूँ। मेरी खस्ता आर्थिक हालात मे भी मेरे पापा-मम्मी सच में मेरी; सच मे दौलत है। मैं ब्रेन डॅमेजवाला आदमी अभी बच्चों के ब्रेनजिमिंग; ब्रेन डेव्हेलपमेंट के लिए VERSETITE EDUCARE SYSTEM (VES) का जापानीज सोरोबन अॅबॅकस गणित पढाने की कोशिश कर रहा हूँ। मेरे पास आर्थिक शक्ती तो नही। लेकिन मेरे ब्रेन में जो भी बाकी शक्ती है, उसको मैं ज्ञानदान के पवित्र काम में लगाने की कोशिश में लगा हूँ। मेरे इस पुनर्जन्म में मेरे हाथोंसे और मेरे बाकी ब्रेन शक्ती से, सभी ब्रेन सुरक्षित और संपूर्ण विकसनशील बनाकर सभी को मैं स्वस्थ प्रगतीशील और समृद्ध देखने की कोशिश कर रहा हूँ। बाकी सब मैंने पंचमहाभूतोंसे बनी सभी ईश्वरी यंत्रणा व्यवस्थापर लीन-नतमस्तक होकर मेरा भविष्य उनके हाथों में सौंप दिया है। सभी का कल्याण हो। यह मेरे पुनर्जनम की कथा है और आगे भी चलती रहेगी .....

-----सुहास सुरेंद्र सुमिता जाधव

======

मुझे समर्थन देने वाले मेरे प्रिय गुरूजन

मेरे ठीक होने के बाद मेरे घर बायीं ओर से श्रीमती सिबिल फुरटॅडो, श्रीमती ग्रेटा फारेल, श्रीमती सरिता वाझ, श्रीमती लॉरेटा पिन्टो, श्रीमती एनीड लेमॉस कार्डिनल 2013

मेरे ठीक होने के बाद मेरी प्रिय और आदरणीय षिक्षिका श्रीमती वसुधा घाग मॅडम कार्डिनल 2013

मेरे ठीक होने के बाद मेरे घर बायीं ओर से श्रीमती रेणुका हरमळकर मॅडम और श्रीमती उशा श्रीधर मॅडम कार्डिनल 2013

मेरे ठीक होने के बाद बायीं ओर से श्रीमती रूचा रवि सोमन मॅडम आणि श्रीमती अर्चना विकास मते मॅडम महात्माफुले तंत्र जुनियर मॅडम 2016

मुझे समर्थन देने वाले मेरे प्रिय मित्र

मेरे ठीक होने के बाद मेरे जन्मदिन पर बायीं ओर से प्रथमेष घरत, दुर्गादास राठोड, निखिल कांबले, षिराज मांजरेकर रूपेष भोसले, प्रषांत घोरपडे, बैठा हुआ अमित वाणी 2009

मेरे ठीक होने के बाद बीच में मंगेष चौधरी और अभिशेक मोरे 2014

टाटा मेमोरियल हॉस्पीटल परेल
मुंबई आर्ट मेला ॲन्युअल फंक्षन
मेरे ठीक होने के बाद स्लोव्हाकीयन
बी टी एफ डोनर मिस्टर ब्रानो
पोलॉक 2013

टाटा मेमोरियल हॉस्पीटल परेल
मुंबई बी टी एफ ॲन्युअल फंक्षन
मेरे ठीक होने के बाद
प्रसिद्ध बॉलीवुड सिंगर –
म्युजिषियन
श्री सलीम मर्चंट मेरे पहले सर्जरी
के बाद 2010

टाटा मेमोरियल हॉस्पीटल परेल
मुंबई आर्ट मेला ॲन्युअल फंक्षन
मेरे ठीक होने के बाद
प्रसिद्ध टी. व्ही सीरियल अभिनेत्री
(दयाबेन) /
तारक मेहता का उल्टा चष्मा
मालिका फेम दिषा वाकाणी 2014

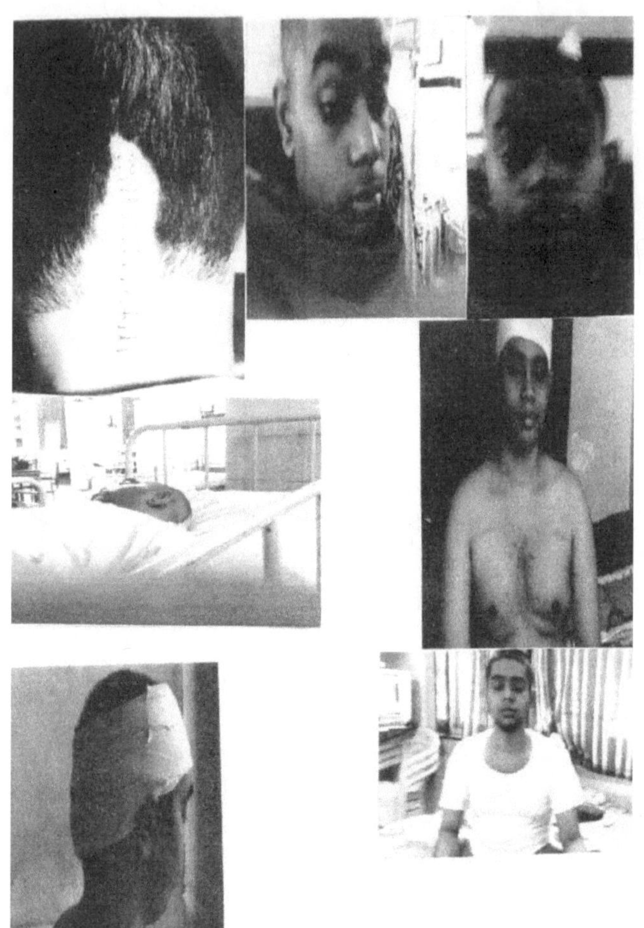

मेरा पुनर्जन्म

(हिंदी भाषा आत्मकथन)

लेखक - भाऊ/सुहास

श्री. सुहास सुरेंद्र सुमिता जाधव बी. एस.सी. (द्वितीय वर्ष)

जन्म :०६/०५/१९८९ / माहिम/मुंबई

कुडली /गुहागर/रत्नागिरी/महाराष्ट्र/भारत

रवीचिंतन- ३/२०४, गौरव संकल्प, रवी ग्रुप, फेज-१, शांती विद्यानगरी के पास, मिरा रोड (पूर्व), जि. ठाणे- ४०११०७

शिक्षण :	कार्डिनल ग्रेशियस हायस्कुल/खेरवाडी/बांद्रा (पूर्व), मुंबई - ४०००५१ (एस. एस. सी. तक)/अंग्रेजी माध्यम महात्मा फुले टेक्निकल हायस्कुल एण्ड ज्युनियर कॉलेज भोईवाडा/परेल, मुंबई-४०००१२/(विज्ञान/एच.एस.सी तक) विद्यावर्धीनीज वर्तक कॉलेज ऑफ सायन्स वसई (पश्चिम) ४०१२०२
पसंदीदा शौक -	गाना/पढ़ना/संगीत श्रवण/वक्तृत्व
पसंदीदा विषय -	अंग्रेजी/हिंदी/ इतिहास/अर्थकारण
विशेष पसंद -	आध्यात्मिकता/तत्वज्ञान
कार्यक्षेत्र -	जापनीज सोरोबन ॲबॅकस गणित अध्यापन (व्ही.ई.

एस.) मार्गदर्शक प्रो. अजय दरेकर सर

विशेष - कार्डिनल ग्रेशियस हायस्कुल, खेरवाडी, बांद्रा (पूर्व), मुंबई - ५१ में २००४ - २००५ में हेडबॉय

शोतोकान कराटे प्रशिक्षण में ब्लॅक बेल्ट फर्स्ट डॅन रेफरी लायसन्स होल्डर

कराटे मार्गदर्शक - श्री. के. एन.एस. पिल्लई सर

श्री. प्रवीण शुक्ला सर

9 789356 285262

Printed by Libri Plureos GmbH in Hamburg, Germany